Markus Inderst

Die Alpen mit dem Zug entdecken

PILATUS
der Welt

Markus Inderst

Die Alpen

mit dem Zug entdecken

Informationen, Bahn-Routen und 99 Bahn-Erlebnisziele

GeraMond

Ein kostenloses Gesamtverzeichnis erhalten Sie beim
GeraMond Verlag
D-81664 München

www.geramond.de

Lektorat: Lothar Reiserer
Layout: imprint, Zusmarshausen
Repro: ScannerService
Herstellung: Thomas Fischer
Bild Umschlagvorderseite: Diese Aufnahme einer Ge 4/4 III bei Preda zeigt, was die Alpenbahnen so faszinierend macht: Natur und Technik in überraschender Harmonie. (Foto: Marcus Karell)
Bild Umschlagrückseite: Die Schafbergbahn zeichnet sich durch eine wunderschöne Strecke und interessante Fahrzeuge aus, hier ist die 999.201 an einem atemberaubend klaren Oktobertag unterwegs. Bei solchem Wetter ist die Sicht vom Gipfel kaum zu überbieten: glitzernde Seen, majestätische Bergketten, auf denen zum Teil schon neuer Schnee liegt. (Foto: Markus Inderst)
Bild Seite 2: Die Pilatusbahn ist wirklich die Höhe! Schon die Perspektive zeigt, dass sie die steilste Zahnradbahn der Welt ist. (Foto: Pilatusbahn)

Der Text des Deutschland-Teils stammt von Peter Schricker und wurde für dies Buch von Marcus Inderst überarbeitet.

Alle Angaben dieses Werkes wurden von den Autoren sorgfältig recherchiert und auf den aktuellen Stand gebracht sowie vom Verlag geprüft. Für die Richtigkeit der Angaben kann jedoch keine Haftung übernommen werden.
Für Hinweise und Anregungen sind wir jederzeit dankbar.
Bitte richten Sie diese an:
GeraMond Verlag
Lektorat
Innsbrucker Ring 15
D-81673 München
e-mail: lektorat@geranova.de

Die Deutsche Bibliothek – CIP Einheitsaufnahme
Ein Titeldatensatz für diese Publikation ist bei der Deutschen Bibliothek erhältlich.

Printed in Italy by Printer Trento S.r.l.
ISBN 3-7654-7187-9

Vorwort

Sehr geehrte Leserinnen und Leser!

Sie halten nun einen Reiseführer in den Händen, der sich zum Ziel gemacht hat, nicht nur die „Alpen mit dem Zug zu entdecken", sondern auch genießen zu können.
Ich habe Ihnen die schönsten und interessantesten Strecken ausgesucht und näher beschrieben.

Der Alpenbogen erstreckt sich bekanntermaßen über mehrere Länder. Von Westen nach Osten betrachtet berührt er Frankreich, Italien, die Schweiz, Deutschland, Österreich und Slowenien. Die Schweiz und Österreich liegen mit großen Teilen ihres Staatsgebietes innerhalb der Alpen. Dies macht sich auch in der beschränkten Besiedelbarkeit dieser Regionen bemerkbar, wobei mir als Tiroler gestattet sei zu erwähnen, dass das Bundesland Tirol von seiner Gesamtfläche betrachtet nur zu 13 % bewohnbar ist und der Rest entweder aus felsigem Gebirge oder unwegsamem Gelände mit den üblichen Naturgefahren besteht.
Gerade in der Schweiz und Österreich gibt es besonders viele wunderschöne Gebirgsstrecken. Deshalb stehen diese beiden Länder am Anfang des Buches. Ich habe mich bei der Vorstellung der Strecken bemüht, Ihnen nach Möglichkeit zusammenhängende Rundreisen zu ermöglichen. Diese Touren sind in einzelne Abschnitte, die „Tourenvorschläge", unterteilt. Aufgrund dieser Konzeption wiederholen sich beispielsweise Informationen zu Orten, die in mehreren Tourenvorschlägen vorkommen, gelegentlich. Ich bitte um Verständnis für diese – denke ich – notwendige Redundanz.

Überzeugen Sie sich am Besten selbst, steigen Sie in einen Zug ein und genießen Sie die herrliche Alpenwelt völlig stressfrei. Die Alpenbahnen lassen sich am besten mit billigen Pauschalarrangements befahren. Empfohlen sei hierbei der Kauf folgender, günstiger Netzkarten: Inter-Rail, Euro-Domino oder auch der Swiss-Travel-Pass. Nähere Informationen erhalten Sie am Bahnhof oder in einem Reisebüro.

Abschließend möchte ich auch meinen Dank an jene Bahnverwaltungen richten, die mich mit den notwendigen Informationen unterstützt haben, wobei ich im Wesentlichen die Schweizer Kollegen und Stern & Hafferl hervorheben möchte.

Viel Spaß auf Ihrer Reise durch die einzigartige Alpenwelt wünscht Ihnen

Mag. Markus Inderst, Februar 2006

Inhalt

Die Alpen sind das größte Gebirge Europas. Ihre Bergketten bilden die Klima- und Wasserscheide zwischen Mitteleuropa und dem zentralen Mittelmeerraum. Und auch wenn die Gipfel des Himalaya etwa entschieden höher sind, so finden sich in den Alpen ebenfalls veritable Riesen – wie der Mont Blanc mit seinen 4808 m Höhe.

Hindernis und Schutz

Der Alpenbogen zwischen Genua und Wien war ein Hindernis für die kulturellen und wirtschaftlichen Beziehungen zwischen Nord und Süd. Er war gelegentlich aber auch ein Schutz vor Feinden. Um so größer war dann die Überraschung, wenn jemand ausgerechnet den Weg über die Alpen suchte und fand. Hannibal und seinen Elefanten sind wohl deshalb ein Platz im Gedächtnis der Menschheit sicher, da ihm und seinem Heer von etwa 50.000 Soldaten die Überwindung der Berge – vermutlich über den **Mont Cenis** – zur Überraschung der Römer gelang.

Handelsverbindungen

Die Römer waren es dann, die erstmals existierende Handelsverbindungen durch systematischen Ausbau von Alpenpässen verbesserten. Zwischen Italien und Gallien (sowie in der „Verlängerung" auch Britannien diente ihnen der **Große St. Bernhard Pass.** Auf der Passhöhe errichteten sie sogar einen kleinen Tempel.
Nach Germanien führten der **Reschenpass** sowie der **San Bernardino**. Im Osten nutzen sie einen Pass, der über ein Hochplateau westlich von Triest führt, den **Birnbaumer Wald**.

Über die Alpen: Wege und ihre Geschichte

Eindrucksvolle Bauleistungen am Semmering: Eine 1042 überquert den Adlitzgrabenviadukt. Foto: Markus Hehl

Im Laufe der Jahrhunderte werden die Pässe unterschiedlich stark frequentiert. Es gab auch ein ständiges Hin und Her zwischen Verfall und Wiederinstandsetzung – zerstörten doch Lawinen, ungestüme Bäche und Flüsse oder Felsstürze Wege und Straßen.

Die Bahnrevolution

Eine neue Qualität der Alpenüberquerung ermöglicht die Eisenbahn. Ab 1854 (Semmering) sorgen Schienenwege für eine zuvor unbekannte Leistungsfähigkeit im Alpentransit.
1867 überquert die Bahn den **Brenner**, es folgen der **Mont Cenis** im Jahre 1871 und der **Gotthard** 1884.
Zu diesen wichtigsten frühen „Alpenquerungen“ kamen noch weitere hinzu: Die **Pyhrnbahn** und die **Karawankenstrecke** im Jahre 1906, die **Tauernbahn** im Jahre 1908, der **Lötschberg** im Jahre 1913.
Der Gütertransport und der Personenverkehr nahmen damals auf der Schiene beständig zu. Dabei wurden für viele Menschen die Alpen selbst zum Ziel der Reise. Der Tourismus eroberte die Berge und Täler. Eine romantische Naturbegeisterung erfasst Adel und Bürgertum im 19. Jahrhundert. Eine erste Flucht aus den Zwängen und Folgen der Industrialisierung?
Dort wo die Industrialisierung am frühesten eingesetzt hatte, in England nämlich, ist auch die Wiege des modernen Tourismus zu finden. Der „verrückte Engländer“, der auf die Berge klettert und in entlegene Schweizer Bergdörfer

BVZ

vordringt, wird zum Inbegriff dieser Entwicklung. Ihn findet man in Karikaturen immer wieder, sei es in Schweizer Tageszeitungen oder in den österreichischen „Fliegenden Blättern“. So bezeichnen die Engländer bereits im 19. Jahrhundert die Alpen als den **„Playground of Europe“**. Zum einen sind die Alpen sommerlicher Zwischenstopp auf der klassischen Bildungsreise, die nach Italien führt. Andererseits entwickelt sich der Wintersport. Und all diese Touristen fahren mit der Bahn.
Bald entstehen so auch Strecken, die ohne touristische Mitnutzung ökonomisch nicht sinnvoll gewesen wären.

Heute wird das Gros der Güter per Lkw transportiert. Viele Reisende sind mit dem eigenen PKW oder Motorrad in den Alpen unterwegs. Das hat besonders negative ökologische Auswirkungen gerade dort im Alpenraum, wo sich der Verkehr notgedrungenermaßen ballt, wo er über Pässe geführt werden muss. Ausbau- und Tunnelpläne der Bahnen in der Schweiz, Österreich und Italien sollen helfen, der Schiene wieder ein stärkeres Gewicht gerade beim Alpentransit zu geben. 2007 wird der **Lötschbergbasistunnel** als erstes der neuen Großprojekte dem Verkehr übergeben. Wir befinden uns also wieder in einer Zeit, in der die Bahn neue Wege zu beschreiten beginnt. So ist es vielleicht gerade heute lohnend, die Alpen per Bahn zu entdecken – und dabei natürlich auch auf den Spuren der Bahngeschichte zu wandeln ...

Lok 23 der damals noch eigenständigen BVZ passiert das malerische Dorf Stalden auf der Fahrt von Brig nach Zermatt. *Foto: C. Wenger*

Die Bahn in den Alpen – die Streckenübersicht

Tariftipps

Generell gilt, es gibt Sonderangebotstickets für einzelne Länder/Regionen (für Bayern beispielsweise das Bayern-Ticket).
Da diese, bzw. die Bestimmungen dazu, häufig wechseln, ist die jeweils aktuelle Information am Schalter oder im Internet anzufragen.
Generell sei noch auf das „gute alte Interrail-Ticket“ verwiesen (www.interrail.net) oder das Eurodomino-Angebot (www.eurodomino.net).

Das Schienennetz in den Alpenstaaten weist Gemeinsamkeiten wie Besonderheiten auf. Sämtliche Staatsbahnen haben eine Spurweite von 1.435 mm. Diese werden durch Schmalspurnetze ergänzt, wobei in der Schweiz Meterspur und in Österreich die bosnische Spurweite von 760 mm zur Anwendung kam. Dagegen gibt es Unterschiede in der Stromversorgung: Die SBB, die BLS, die ÖBB, die DB AG fahren seit jeher mit 15 kV/16,7 Hz Wechselstrom, in Slowenien und Italien wird mit 3 kV Gleichstrom gefahren und die Franzosen haben nur 1500 V Gleischstrom. Die Schmalspurbahnen haben recht unterschiedliche Stromsysteme.

An blühenden Alpenwiesen zieht der Glacier-Express mit einer HGe 4/4 II unterhalb von Nätschen dem Oberalppass entgegen. *Foto: Armin Schmutz*

Die Schweiz

Info: Schweiz

Fläche:	41.284 km²
Einwohner:	7,204 Mio. (2000)
Hauptstadt:	Bern

Amtssprache: Deutsch, Französisch, Italienisch, Rätoromanisch

www.sbb.ch
www.meteoschweiz.ch
http://www.eda.admin.ch/germany_all/de/home.html
http://www.rail-info.ch

Die Schweiz. Die Berge. – *Das sind für Nicht-Schweizer lediglich die zwei Seiten einer Medaille. In der Tat ist die Schweiz geprägt durch ihren alpinen Charakter. Und was die einzelnen Landesteile geografisch trennt, die gewaltigen Alpenketten, trug in diesem besonderen Fall dazu bei, dass dieses Land überhaupt in seiner Eigenart und Vielfalt entstehen und fortbestehen konnte. Denn nur die Unzugänglichkeit weiter Regionen bot in Zeiten der Bedrängnis die Sicherheit, die eigene Unabhängigkeit verteidigen zu können. Dennoch, oder besser gesagt gleichzeitig, werden die Berge von Handelsrouten durchzogen.*

Neben die Fuss- oder Eselpfade, neben die Wege für Kutschen gesellte sich bald der Schienenstrang. Die Bahn eroberte große Alpenpässe und drang in entlegene Täler vor. Kühne Bahnbauten, atemberaubende Aussichten und steile Anstiege sind Lohn der eisenbahnerischen Anstrengungen. Privatbahnen und die staatliche Eisenbahn knüpften mit der Zeit ein Streckennetz, das so dicht ist wie

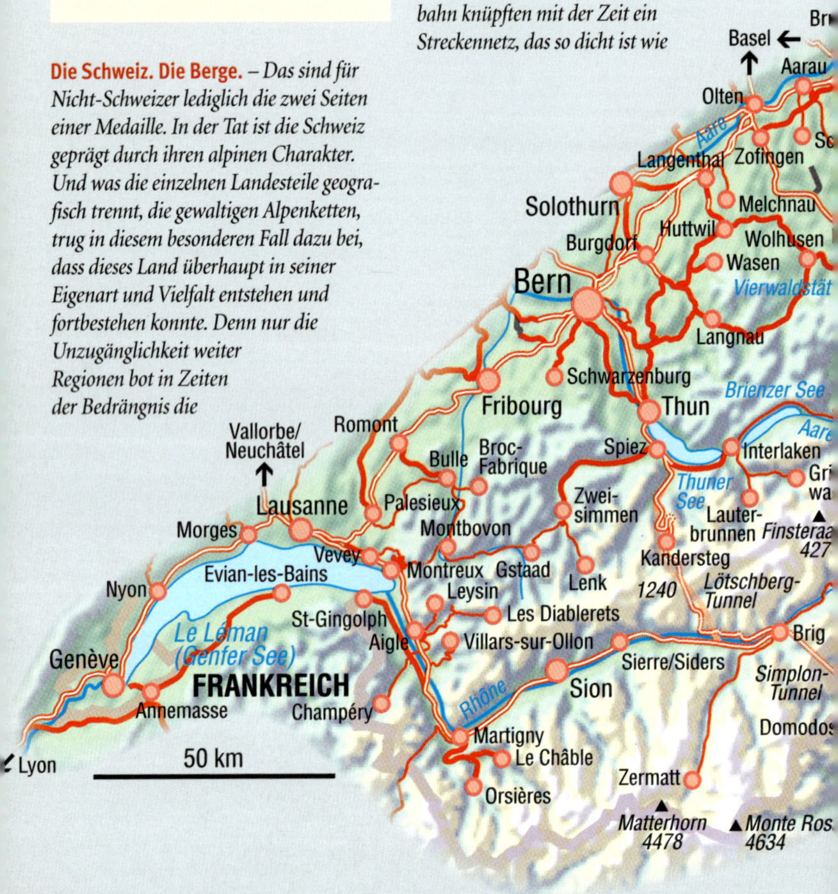

kaum sonst in Europa – trotz aller topografischen Widrigkeiten. Dass dies immer noch so ist, hat auch damit zu tun, dass die Schweizer Politik die Zeichen der Zeit erkannt hat und die Bahn stärker ins Zentrum einer sowohl an volkswirtschaftlichen als auch ökologischen Kriterien orientierten Verkehrspolitik rückt, als dies bei allen anderen Alpenstaaten der Fall ist. Davon profitiert die Umwelt – und der Reisende. ■

Tourenvorschlag 1

Chur – Landquart – Davos – Filisur

Umgeben von steil aufragenden Bergen, ist **Chur das Tor zur Bündner Bergwelt** sowie kulturelles und geistiges Zentrum des flächenmäßig größten Kantons in der Schweiz. Mit einer Siedlungsgeschichte von nahezu 5.000 Jahren ist Chur die älteste Stadt der Schweiz. Postplatz, Rathaus, Bischöflicher Hof und Kathedrale sind eine Besichtung wert. Den Rhein entlang führt uns die „kleine Rote“ zuerst nach Landquart, dem Stammsitz der **Rhätischen Bahn**, und in weitem Bogen gegen Osten nach Malans, wo wir in die **Klus** einfahren mit ihren teilweise lotrechten Schieferwänden. Durch einen Tunnel erreichen wir Seewis-Valzeina, wo sich rechts das Valzeiner Tal öffnet. Nun folgt ein ebener Streckenverlauf durch den Boden, einen ehemaligen Seegrund vor dem Durchbruch der Landquart durch die Klus, und wir erreichen Schiers, die wohl älteste Siedlung des Prättigaus. Durch den Engpass des Fuchsenwihels geht die Reise ins Mittelprättigau, vorbei an Furna, Jenaz und Fideris, Dörfer auf hochgelegenen Wiesenterrassen. Durch eine weitere Schlucht, wo der Arieschbach von rechts in die Landquart einmündet

Lok 620 der Rhätischen Bahn befährt die Schleifen oberhalb von Bergün im Zuge der Albulastrecke Filisur – St. Moritz. *Foto: Christian Wenger*

und die Burg Castel links über den Felswänden thront, erreichen wir Küblis. Hier beginnt ein steiler Anstieg mit bis zu 44 ‰ Steigung der sonnenseitigen Bergflanke entlang nach Saas. Am waldigen Gegenhang erblicken wir Conters an der bekannten Parsennabfahrt, dann Serneus auf der Mattenmulde Schattenhalb, und nun erreichen wir Klosters Dorf und dann Klosters Platz. Die Kirche von Klosters stammt aus dem Jahr 1493 und ist ein kunstgeschichtliches Juwel. Klosters dient heute als Abzweigbahnhof ins Unterengadin. Seit 2000 bestehen Direktverbindungen mit Autoverladung nach Sagliains durch einen der **längsten Schmalspurtunnel der Welt**, dem Vereinatunnel. Wieder steigt unsere Strecke erst talaus-, dann taleinwärts mit weiter Schau über das Prättigau und gegen Osten auf die Silvrettagruppe. Kurvenreich ist die Einfahrt ins Davosertal. Bei Wolfgang, zwischen dem Schwarzsee und dem Davoser See, befindet sich die Wasserscheide zwischen Prättigau und Davosertal.
Am linken Rand des **Davoser Sees** werfen wir einen ersten Blick auf die Stadt im

Moderne Schnellzüge der Rhätischen Bahn stellen heute die Verbindung von St. Moritz über die Albulabahn in die Kantonshauptstadt Chur her. Apropos: Vom Bahnhof Filisur aus führt ein bequemer Wanderweg in nur 20 Minuten zu diesem Fotostandpunkt auf Blick des eindrucksvollen Landwasserviadukt.

Foto: Markus Hehl

Hochgebirge (1.550 m Seehöhe), auf Davos Dorf und Davos Platz. Jetzt führt die Linie dem Landwasser entlang nach Davos Frauenkirch und Davos Glaris. Davos Monstein, die alte Walsersiedlung auf der Bergterrasse links, liegt vor der Einfahrt in die eigentliche Zügenschlucht, und jenseits des Viadukts von Wiesen fahren wir weiter nach **Filisur**, dem engadinisch anmutenden Passdorf zu Füßen der Albula.

Die Arosa-Linie

Die Arosa-Linie beginnt im Hauptort Chur. Chur erreicht man entweder mit den Zügen der SBB bzw. mit Schmalspurzügen der RhB. Die Arosa-Bahn wurde bis vor wenigen Jahren noch mit Gleichstromfahrzeugen betrieben. Aufwändige Umbauarbeiten ermöglichen nun einen Einsatz mit dem übrigen Rollmaterial der RhB. Zunächst wird das Stadtgebiet von Chur durchquert. Man ist dort wie in einer **Straßenbahn** unterwegs. Am Rande der wilden Plessurschlucht beginnt die 26 km lange Arosa-Bahn zu steigen und schraubt sich ostwärts entlang eines engen Tales hoch.

Über uns, auf sonnigen Terrassen, liegen die Dörfer Maladers, Castiel, St. Peter und Peist. Zahlreiche Tunnels und kleinere Viadukte werden befahren, ehe wir bei Langwies auf das bekannteste, 287 m lange und 62 m hohe Langwiesenviadukt stoßen. Gleichzeitig erhaschen wir dabei einen Blick hinüber zu dem hübsch auf der „lang Wis" an der Berghalde gelegenen Feriendorf.

Hier münden drei von Walsern besiedelte Hochtäler zusammen: Sapün leitet über den Strelapaß nach Davos, das längere Fondeital führt in ein schönes Becken mit dem Grünsee und weiter ins Prättigau, und das dritte Tal steigt über Litzirüti. Wir befinden uns nun auf einer Seehöhe von ca. 1.200 m und erreichen nach gut einer Stunde Fahrzeit Arosa.

Ringsum eröffnet sich uns der Blick auf die bekannte Bergwelt von Amselflue,

Info: Das Netz der Rhätischen Bahn

Ein sehr eindruckvolles Schmalspurnetz mit immerhin 397 km hat sich im östlichsten Kanton der Schweiz, im Graubünden, entwickelt. Graubünden erreicht man mit Zügen der SBB aus der Zentralschweiz, von Deutschland sowie auch aus Österreich. Zentrale der „Bündner Staatsbahn" ist Landquart, zugleich Ausgangspunkt unserer Reise in eine atemberaubende Bergwelt mit vielen klimatischen Herausforderungen. Die RhB betreibt eine Vielzahl von Linien, die zunächst autonom entstanden sind. Erst durch die Fusion der Chur-Arosa-Bahn, der Bernina-Bahn und der Ferrovia elletrica Bellinzona-Mesocco im Jahre 1942/43 wurde die RhB zu dem, was sie heute ist, die „kleine Rote", wie sie liebevoll genannt wird. Die „kleine Rote" umfasst als ausgesprochene Gebirgsbahn 493 Brücken mit einer Gesamtlänge von 12,1 km und 119 Tunnel mit einer Gesamtlänge von 61,5 km, wovon der 1999 eröffnete Vereinatunnel mit ca. 20 km einer der längsten Schmalspurtunnel der Welt ist. Landschaftsmäßig ist das Netz der RhB auch von interessanten Gegensätzen gekennzeichnet: Befinden sich die weltbekannten Orte wie St. Moritz oder Davos im alpinen Hochland, blühen einige Kilometer südlich am Ende der Berninabahn in Tirano die Palmen.

Aroser Rothorn und Weishorn im Endbahnhof Arosa.

Chur – Thusis – St. Moritz

Nach einem kurzen Abstecher in die Bergwelt von Arosa bietet sich die **Weiterfahrt ins Engadin** an. Die so genannte Stammlinie der RhB wird mit sehr komfortablen Rollmaterial befahren und es bietet sich an, in einem der **Panoramawagen** zu reisen. Die Fahrt beginnt in Chur, und wir fahren den Rhein entlang nach **Domat/Ems**, dem Industriedorf, dessen Kirche auf einem Bergsturzhügel emporragt. Das spätgotische Gotteshaus, das schon von weitem sichtbar ist, besitzt einen wertvollen Schnitzerei-Altar aus dem Jahre 1504. Eine zweite, barocke Kirche befindet sich mitten im Dorf. Domat/Ems ist das erste romanischsprachige Dorf, das wir auf unserer Reise passieren. Auf der Weiterfahrt erkennen wir rechts den Calanda. Reichenau ist ein alter Zollort am Zusammenfluss von Vorder- und Hinterrhein. Sein Schlösschen steht in einem französischen Garten. Unser Zug biegt nun nach links ins **Hinterrheintal** ein.
Bei Rhäzüns hat sich der Fluss eine Schlucht durch die riesigen Bergsturzmassen gegraben, die seinen Lauf mehrmals veränderten. Rhäzüns besitzt eine mittelalterliche Burg, doch ist die St. Georgskapelle, deren Wände vollständig mit durchwegs erhaltenen Bildern zur Georgslegende geschmückt sind, von größerer Bedeutung. Bei Rothenbrunnen verbreitert sich das Tal, die rechte Talflanke wird Heinzenberg genannt, die linke heißt Domleschg. Das Domlschg weist verschiedene Burgen und Feudalsitze auf, unter anderen bei Rothenbrunnen das Schloss Ortenstein und über

Einfahrt eines Albula-Schnellzuges mit Ge 4/4 III in Bergün. *Foto: Helmut Petrovitsch*

Rodes das Schloss Riedberg. Bei Thusis verlassen wir das Hinterrheintal, das sich nun zur tiefen **Via-Mala-Schlucht** verengt. Wir reisen der Albula folgend durch die Schinschlucht, gelangen nach einer Reihe von Tunnels zum Ausgang und erreichen Tiefencastel.

Von hier aus führen Straßen zum Julier- und Albulapass, nach Davos, Lenzerheide und Thusis. Weithin sichtbar ist die berühmte Barockkirche aus dem Jahre 1655, die auf einem Felshügel liegt. Richtung Schinschlucht, unweit von Tiefencastel, liegt die **Klosterkirche St. Peter** aus dem 8. Jahrhundert, die älteste karolingische Saalkirche Graubündens. Rechts genießen wir die Aussicht auf die Dreitausender Piz Mitgel und Corn da Tinizong. Die Bahnlinie schlängelt sich der Albula entlang talaufwärts. Auf einem Viadukt überqueren wir das Davoser Landwasser, das in der Nähe in die Albula fließt, mittels des bekannten **Landwasserviadukts,** verschwinden dann in einem Tunnel und erreichen Filisur, wo sich die Bahnlinien nach Davos und St. Moritz verzweigen.

Filisur liegt auf ca. 1.032 m Seehöhe als reines Terrassendorf an dem Punkt, wo das Albulatal nach Südosten abbiegt, um dem Albulapass zuzustreben, und wo die von Thusis und Davos herführenden Bahnlinien zusammentreffen. Wir freuen uns an den Tiefblicken durch den dichten Tannenwald. Zusammenhängende Waldgebiete von seltener Schönheit und fast ohne Lawinenzüge sind zu bewundern. Stugl/Stuls liegt oberhalb der zugehörigen Bahnstation auf einer sonnigen Wiesenmatte. Bekannt ist seine Kirche mit wundervollen gotischen Wandmalereien. Rechts unten erkennen wir die wilde Schlucht am Bergünerstein. In geschützter Talmulde liegt Bergün/Bravuogn, das einstige Bergbauzentrum, und hoch über uns reckt der wuchtige Piz Ela seinen Gipfel in den Himmel. Zwischen den beiden Tunnels genießen wir den Blick auf das Bergdorf Latsch, das sich einer prächtigen Lage am Ausgang des Val Tuors rühmen kann. Wir passieren die Ausweichstelle Muot, die durch zahlreiche Lawinenverbauungen geschützt ist, welche den Abhang des Muot hinabdonnern. Nun folgen drei Kehrtunnels, durch die wir die sumpfige Ebene bei Naz erreichen, einem Maiensäss beim Val Mulix. Bevor wir bei **Preda** in den Tunnel einfahren, erhaschen wir rechts einen Blick auf den Piz Palpuogna. Das kühne Bauwerk führt uns rund 1.000 m unter der Gebirgsgruppe der Dschimels durch. Die Innentemperatur im Tunnel beträgt während des ganzen Jahres rund 16° Celsius. Spinas am Ende des 5.865 m langen **Albulatunnels** liegt im Val Bever und gehört zum Oberengadin. Die Bahnlinie senkt sich dem Fluss Beverin folgend in Richtung Bever, und wir genießen nach links die Aussicht auf die bezaubernde Berninagruppe. Wir reisen talaufwärts und finden nach Samedan, dem Bezirkshauptort des Oberengadins mit seinen typischen Engadiner Häusern. Nach links zweigt die Strecke ab, die über den Talboden am Fuß des belebten Aussichtsgipfels Muottas Muragl vorbeiführt und im Val Bernina verschwindet. Dann fahren wir weiter dem Inn entlang mit dem Piz Rosatsch im Hintergrund, ersteigen durch Wald und Tunnels einen Riegel, der das Oberengadin in zwei Stufen teilt, und erreichen den Bahnhof des mondänen Kurorts **St. Moritz**, Endpunkt unserer Reise ins Engadin auf 1.822 m Seehöhe. ■

Tourenvorschlag 2

Die Engadinstrecke (St. Moritz – Scoul-Tarasp)

Nach der Ausfahrt aus St. Moritz erhaschen wir noch einen Blick auf den **St. Moritzer See**, bevor der Zug im Tunnel verschwindet und dann am linken Ufer des Inns nach Samedan führt. Ein paar stolze Herrenhäuser und die barocke Pfarrkirche zeugen noch von der alten Vorrangstellung des Dorfes, wo sich Maloja- und Berninapassstrecke treffen.
Das Nachbardorf Bever wartet mit eindrucksvollen geschlossenen Brunnenplätzen auf, denen sich die mit Sgraffiti und geschnitzten Toren verzierten Hausfassaden zuwenden. Reizvolle Herrenhäuser finden sich auch im Straßendorf La Punt-Chamuesch, dessen Kirchlein neu restauriert wurde. Über Madulain thront als Talwächter die Ruine Guardaval, seit dem 13. Jahrhundert bischöfliche Zollstation. Herrlich öffnet sich hier der Blick rückwärts über das Hochtal bis zum Piz Margna. In **Zuoz**, dem einstigen Hauptort des Oberengadins, sind heute noch zwanzig spätmittelalterliche Wohntürme nachweisbar. Imposant ist der Doppelbau der Planta-

! Tipp: Die Xrot im Kampf gegen das kalte Weiß

Der Berniapass sollte von der Planung her nur im Sommer befahren werden. Nachdem wenige Jahre nach Fertigstellung der Entschluss gefasst wurde, doch ganzjährig zu fahren, wurden zwei Dampfschneeschleudern erworben. Eine der beiden selbstfahrenden (!) Schleudern ist heute noch gelegentlich in Betrieb. Sie zeigt vor Reisegruppen ihr Können.

Legendär sind die Dampfschleuderfahrten der RhB, die alljährlich auch für Fotofreunde durchgeführt werden. *Foto: Markus Hehl*

Häuser am großen Platz mit dem Bärenbrunnen. Unübersehbar ist auch die um 1200 gebaute Kirchen mit dem schlanken Turm.
Der ockergelbe Gebäudekomplex über dem östlichen Dorfausgang beherbergt die Internatsmittelschule Lyceum Alpinum. Bürgerhäuser in schönster Oberengadiner Tradition finden sich auch in **Schaf**, wo sich ein Schießplatz ausbreitet und flussabwärts das Wasser des Inn für die Kraftwerkanlage von Spöl gefasst wird. Im Weiterfahren blicken wir rechter Hand ins **Val Trupchun, das erste Tal des Nationalparks**, dann links zum Weiler Chapella, einst ein Hospiz am Scalettapass, einer wichtigen Handelsroute nach Davos. Nach dem unterhalb der Bahnstation in einer Talmulde gelegenen Dörfchen Cinuoschel überqueren wir auf einem hochgespannten Bahnviadukt den Inn und damit die Grenze zwischen Ober- und Unterengadin mit seinen an den Nationalpark grenzenden Wäldern.
In einem Talkessel liegt Zernez, Ausgangspunkt zum Nationalpark, auf dessen Besuch das Museum beim Moorenturm vorbereitet. Kurz nach Zernez macht die Trasse einen Schwenk nach Norden bis nach Susch, wo bei Saglianis der Vereinatunnel in die bestehende Strecke einmundet. Nach Susch und Lavin grüßt von hochgelegener Geländeterrasse herab das berühmte Bergdorf **Guarda**, dank seiner architektonischen Schönheit trotz der 200 m Höhenunterschied unbedingt einen Besuch wert. Das wilde Gelände zwingt die Bahn in einen 2 km langen Tunnel, nach dessen Ende das beispielhaft erhaltene Dorf Ardez auftaucht, überragt von der Burgruine Steinsberg.
Im Abwärtsfahren erhaschen wir rechter Hand einen Blick in die Innschlucht, und kurz darauf taucht auf einem steilen Felskopf das Schloss Tarasp auf, eine der markantesten Burgen in der Schweiz, welche heute als Museums besichtigt werden kann. Scuol ist im oberen Dorfteil eine Hotel- und Ladensiedlung, während der untere Dorfteil noch viel vom alten Reiz bewahrt hat. Eine Ahnung vergangener Hauskultur vermittelt das **Heimatmuseum in der Chà Gronda**. International bekannt ist **Scuol/Schuls-Tarasp** für seine Heilbäder. Ursprünglich war vorgesehen, die Strecke bis nach Landeck weiterzuführen, jedoch verhinderten die großen Kriege im letzten Jahrhundert dieses Vorhaben. Heute bestehen Postbusverbindungen zwischen Scoul-Tarasp und Landeck in Tirol. ■

Tourenvorschlag 3

Die Bernina-Linie

Mit der Bernina-Linie erreicht die Rhätische Bahn hochalpines Bergland, welches gerade im Winter zahlreiche betriebliche Hindernisse hervorruft. Die **Reise nach Tirano** kann entweder in St. Moritz oder in Samedan angetreten werden. Beide Strecken treffen sich dann in **Pontresina**, wo sich das weitläufige Gleisdreieck wieder schließt. Auf der Berninabahn von Pontresina bis nach Tirano werden mehr als 2.000 Höhenmeter überwunden, und das ergibt summa summarum eine der landschaftlich eindruckvollsten Bahnreisen der Schweiz.

Die Berninabahn ist die einzige Bahnlinie in der Schweiz, die offen über die Alpen führt, daher ist sie den Witterungseinflüssen im Winter ausgesetzt,

weshalb immer wieder Schneeschleudern eingesetzt werden.
Unsere Reise entlang der Berninabahn beginnt in St. Moritz. Dort fährt die Berninabahn auf eigener Trasse, überquert den Inn und überwindet die Schlucht Charnadüra in einem Tunnel, der in den Talboden von Celerina mündet. Vorbei an der Hügelkirche San Gian auf der linken Seite fahren wir den Waldsaum entlang und biegen ein nach Punt Muragl, wo die **Drahtseilbahn zum Aussichtsberg Muottas Muragl** startet, und erreichen das Hoteldorf Pontresina. Bis zur Station Morteratsch halten wir uns an den Westrand der Schwemmebene und erleben dann einen großartigen Ausblick beim Anstieg gegen Bernina Suot auf die Gletscherpracht vom Piz Morteratsch bis zum Piz Bernina. Sobald wir die Straße überquert haben, spähen wir gegen Osten in die Höhe, wo in den Sonnenflanken des Piz Albris ein großes Steinwildrudel lebt. **Bei den Stationen Bernina Diavolezza und Bernina Lagalp können wir in Luftseilbahnen umsteigen** und im Alpentiergarten verweilen. Einen Aufenthalt wert wäre

auch die durch frühere Gletscher geschaffene Rundhöckerlandschaft mit den vielen Seelein bei der Station **Ospizio Bernina** und – vor allem zur Zeit des Bergfrühlings – der reichhaltige Alpengarten auf **Alp Grüm**. Hier blicken wir noch einmal zu dem Gletschern unter den Südwänden des Piz Palü hinauf und zum Stausee Cavaglia im ausgedehnten Schwemmboden hinunter, bevor die

Wahrzeichen der Berninabahn: die kreisförmige Brücke bei Brusio mit bis zu 70 Promille Steigung. *Foto: Markus Hehl*

Bernina-Express Chur – Tirano in der 1934 neu angelegten Schleife über die Alp Bondo mit zwei Triebwagen, im Hintergrund Piz d'Arlas. *Foto: Helmut Petrovitsch*

kurvenreiche Talfahrt beginnt. In ständigem Hin- und Herpendeln überwinden wir auf einer Strecke von wenig mehr als 5 km Luftlinie über 1.000 m Höhenunterschied. Kurz vor dem Talboden von Poschiavo erspähen wir Aino, eine typische Straßensiedlung, deren Häuser sich beiderseits des wichtigen Handelsweges aufreihen. Poschiavo verdankt seinen alten Reichtum, von dem viele herrschaftliche Gebäude zeugen, dem Warenaustausch. Unterhalb Miralago beginnt der Engpass von Brusio, von einem Kehrviadukt bezwungen. Nach der Grenzstation von Campocologno gelangen wir durch die Felsenschlucht des Poschiavino in den südlich-milden Talkessel von **Tirano**, wo in den Weinbergen an den Sonnenhängen der rubinrote Veltliner gedeiht.

Tirano wird zudem vom selben Klima beeinflusst wie das Tessin, sodass hier nach den bizarren Gletscherausformungen Palmen allgegenwärtig sind.

Tourenvorschlag 4

Von Graubünden zum Matterhorn

Das Schweizer Bahnnetz bietet den Vorteil, dass viele kleinere Privatbahnen ein umfangreiches Bahnnetz betreiben.
Man kann dadurch interessante Ausflugsfahrten en suite planen. Eine solche Möglichkeit ist auch die Strecke von Chur nach Disentis-Muster via Reichenau-Tamins und Ilanz. Zudem bieten die Rhätische Bahn sowie auch die Matterhorn-Gotthard-Bahn (MGB) einen durchgehenden Schnellzug an. Es ist dies **der langsamste Schnellzug der Welt, der Glacier-Express**, und er verbindet die bekannten Orte Zermatt im Wallis und St. Moritz im Engadin. Erfreulich ist auch, dass diese Bahngesellschaften es seit jeher verstanden haben, ihre Angebote optimal auf die Reisenden abzustimmen.
Wir beginnen unsere Reise in **Chur** und verlassen die Stadt westwärts und fahren unter den Steilflanken des Calanda vorbei nach Domat/Ems. Auffällig sind die durch einen nacheiszeitlichen Gletschervorstoß abgeschliffenen bewaldeten Kuppen in der Umgebung.
Links liegen die Emser-Werke, der größte Industriebetrieb des Kantons. In einer großen Kurve fahren wird nach Reichenau-Tamins, wo der von Süden herfließende Hinter- in den Vorderrhein mündet und die Strecke nach Filisur abzweigt. Wir überqueren eine Eisenbahnbrücke und gelangen an das nördliche Ufer. Von hier aus geht es in die **wilde Schlucht der Ruinalta**, einer sehr bizarren Flusslandschaft. Es ist mit einer Fläche von 40 km^2 der größte im ganzen Alpengebiet und bildet als Wald- und Felswildnis die Grenze zwischen Sutselva und Surselva (unter und ob dem Wald), die sich durch den rätoromanischen Dialekt unterscheiden.
Die Bahn durchquert die urweltliche Landschaft mithilfe vieler Kunstbauten, von Versam an auf dem Südufer. Über den fruchtbaren Talboden von Valendas gelangen wir in das alte Städtchen **Ilanz**, von dessen stolzer Geschichte noch Stadtmauerreste und zwei Tore, eine schöne Pfarrkirche und das **Patrizierhaus Casa Gronda** künden. In Ilanz beginnt ein dichtes Postbusnetz in die teilweise hochgelegenen Hang- und Terrassendörfer der Umgebung. Vor Waltensburg erblicken wir auf waldigem Felskopf die Ruine Jörgenberg und weiter westlich, wie ein Schwalbennest unter einem überhängenden Felsen geklebt, die Ruine Kropfenstein. Nach Tavanasa gelangen wir in eine weitere Talmulde nach **Trun**, wo 1424 der „Graue Bund" beschworen wurde. Das Gemeindeamt am oberen Dorfende enthält ein reiches Talmuseum.Durch ein hügeliges Wiesental erreichen wir **Somvix** mit reich ausgestatteter, von weitem sichtbarer Kirche und fahren dann dem Talhang entlang – hoch über der Rheinschlucht – nach **Disentis-Mustér**, dem bis ins 8. Jahrhundert zurückreichenden Klosterdorf am Ausgang des Kulmanier- und Oberalppasses mit dem barocken, mit zwei Zwiebeltürmen gekrönten Benediktinerkloster. Mit ihren neun Altären und reichen Stuckaturen gehört die **Kirche zu St. Martin** zu den feierlichsten Gotteshäusern in der Schweiz.

Die Furka-Strecke

In **Disentis-Muster** wechseln wir den Betreiber und sind dann Gast der MGB, welche aus der Furka-Oberalp-Bahn und

Regionalzug 539 von Andermatt nach Chur mit Lok 92 der Furka-Oberalp-Bahn (nunmehr Matterhorn-Gotthard-Bahn) in Sedrun. Foto: Markus Inderst

Nur wenige Kilometer lang ist die Schöllenenbahn Andermatt – Göschenen. Ein Regionalzug überquert die wilde Reuss oberhalb von Göschenen. *Foto: Armin Schmutz*

der Brig-Visp-Zermatt-Bahn entstanden ist. Die Strecke gewinnt nun stark an Höhe und wir erreichen nach Passieren der Weiler Segnes, Tujetsch, Mompé den Talkessel von **Sedrun**. Sedrun ist nicht nur wegen der ersten Kraftwerke bekannt geworden, sondern ist heute von Interesse, weil hier ein Zugang zum Gotthard-Basistunnel, bekannt als **„Porta Alpina“**, errichtet wird. Aktuelle Überlegungen sehen sogar im Basistunnel eine Haltestelle vor. Die Fahrt geht nun weiter – an Tschamut-Selva, dem obersten Ort am Vorderrhein, mit seiner hübschen Kapelle vorbei – zum **Oberalp-Pass** auf einer Seehöhe von 2.033 m. Für einen wintersicheren Betrieb wurden am Südhang des Calmut mehrere Lawinenverbauungen errichtet. Sodann geht es in einer Lawinengalerie am Nordufer des Oberalpsees entlang und haben dabei die Passhöhe passiert und fahren nach Nätschen, danach wird in mehreren Windungen das schon sichtbare Andermatt erblickt.

Zum Gotthard

Andermatt ist das Zentrum eines bekannten Skigebietes und Ausgangspunkt für eine Stichbahn nach Göschenen zur Gotthardbahn der SBB. Die bis zu **179 ‰ steile Zahnradstrecke** ist zwar nur vier Kilometer lang, durchquert aber in einer atemberaubenden Streckenführung die **Schlucht der Reuss**, einst gefürchtetes Hindernis jeder Gotthardreise.
Die Strecke ist von zahlreichen schönen Kunstbauten gesäumt, ebenso ist das **Suworow-Denkmal** als Mahnmal der verlustreichen Alpenquerung der russischen Armee von 1799 zu bestaunen.
Von **Andermatt** geht unsere Reise weiter in das gut 70 km entfernte Brig.

Furka-Bergstrecke und zur Rhône

Bei Realp fahren wir in den 1982 fertiggestellten Basistunnel nach Oberwald ein. Davor war die Strecke nie wintersicher und musste gesperrt werden. Heute wird ein Teil der Strecke als Dampfbahn der DFB benützt.
In **Oberalp** angekommen streben wir dann dem Tal nach Brig entgegen.
Bei Ulrichen zweigt die alte Passstraße ab, die über den Nufenen ins Tessiner Bedrettotal führt. Sodann geht es immer per Zahnstangenbetrieb talabwärts Richtung **Fiesch**. Die Strecke wird dabei von mehreren charaktervollen alten Siedlungen mit dunkelbraunen Holzhäusern gesäumt. Bei Fiesch erblicken wir das Eggishorn, auf der anderen Talseite liegt hoch über der wilden Rhône das **mustergültig erhaltene Dorf Ernen**, der alte Hauptort des Goms. Unter uns tost die Rhône in der tiefen Binnaschlucht. Oberhalb von Grengiols überwinden wir eine Höhenstufe in einem Kehrtunnel und nach Betten endet der Zahnstangenbetrieb. Danach überqueren wir drei Viadukte mit insgesamt 33 Bogen und fahren der Ortschaft Mörel entgegen. Die weitere Fahrt nach **Brig** erlaubt uns einen Blick in die Massaschlucht sowie auch einen Blick auf das Tunnelportal des Simplontunnels, ab Naters fahren wir am rechten Rhôneufer nach Brig zum Bahnhofsvorplatz.
Brig ist die Drehscheibe des Oberwallis und Ausgangspunkt für Reisen nach Italien oder über den Lötschberg nach Bern bzw. dem Rhônetal folgend zum Genfer See. Brig wurde zu einem

Durch diese hohle Gasse muss er kommen: Auf der Teufelsbrücke und unweit der wilden Reuss sucht sich der Zug auf der Schöllenenbahn seinen Weg nach Andermatt.

Foto: Armin Schmutz

Umschlagplatz des internationalen Handels vornehmlich durch die Geschäfte der Stockalper, an deren Macht und Reichtum der Palast mit den drei wuchtigen Zwiebeltürmen und dem stilvollen Arkadenhof erinnert. Einen Besuch wert sind das Museum des Palastes wie auch die verwinkelten Gassen der Altstadt mit den stolzen Patrizierhäusern. Die Schmalspurbahn nach Zermatt verläuft zunächst entlang der SBB-Trasse bis nach Visp. Dort dreht unser Zug nach Süden ab und überquert die schäumende Vispa, um dann mit Hilfe des Zahnrades die Steigungen durch das enge Vispertal nach Stalden hinauf zu bewältigen. Hier zweigt links das Saastal ab. Wir aber folgen nun der Matter-Vispa, deren unterste Schlucht die Bahn mit Tunnels und Viadukten überwindet. Nach einem kurzen Abschnitt im Talgrund durchfahren wir ein anderes wildes Tobel, bevor wir in das malerische **St. Niklaus** eintreffen, das dem Nikolaital seinen Namen gegeben hat. Doch uns zieht es gegen das **Matterhorn**, das sich bis zur letzten Windung des Tales verbirgt, und wir lassen uns den Abstürzen des Mischabelmassivs entlang weitertragen nach Randa und Täsch. Die Annehmlichkeit der Fahrt lässt die Mühe und den Kampf gar nicht ahnen, welche die zahlreichen Lawinenniedergänge und

! Tipp: Dampfbahn Furkabergstrecke

Mit der Eröffnung des Furka-Basistunnels im Jahre 1982 schien es, als würde die Bergstrecke verwaisen. Zahlreiche Eisenbahnfreunde fanden sich 1985 zusammen, um die alte Strecke zu erhalten und zu revitalisieren. Seit 1992 bietet der Verein Dampfsonderfahrten am Fuße des Rhônegletschers an. Lassen Sie sich selbst von dieser atemberaubenden Fahrt durch die Schweizer Bergwelt verzaubern, wie die Dampflok vom 1.546 m hohen Realp zunächst an 500 Höhenmeter gewinnt und dabei die bekannten Kunstbauten wie die Wilerbrücke, die Steffenbachbrücke, das Steinstafelviadukt bis zum Scheiteltunnel passiert werden, um dann nach Muttbach-Belvédère wieder auf

das 1.762 m gelegene Gletsch und letztlich am MGB-Bahnhof Oberwald auf 1 366 m Seehöhe anzukommen.

Informationen:
Dampfbahn Furka-Bergstrecke, Reisedienst
Postfach 35, CH-3999 Oberwald/Wallis
Telefon: +41 (0)848 000 144
www.furka-bergstrecke.ch

Bahn macht Arbeit auch bei der DFB: Kohleschaufeln und Bedienung der Drehscheibe
Fotos: Armin Schmutz

die harten Winter allgemein dem Bahnpersonal abfordern. Wer nach **Zermatt** will, der ist auch als Autofahrer auf den Zug angewiesen (!) – zumindest ab Täsch, wo die Autostraße endet. Dafür genießen wir in Zermatt die abgasfreie Luft. Von Verkehrsfreiheit kann man allerdings der vielen Elektromobile wegen nicht reden, um so genussvoller ist im Winter eine Fahrt im Pferdeschlitten. Trotz seiner Berühmtheiten hat das Bergdorf etwas vom alten Charme bewahrt, und zwischen den Hotels und Appartementhäusern findet man noch heute alte Stadel-Speicher mit Steindächern, die auf Holzbalken gebaut wurden, um die Vorräte vor den Mäusen zu schützen. Zermatt liegt in einem Talkessel und wird von den höchsten Gipfeln der Schweiz umgeben, allen voran ragt das Matterhorn empor. In Zermatt befindet sich eine der berühmtesten Bergbahnen der Schweiz, die schmalspurige Zahnradbahn auf den Gornergrat. Die Fahrt mit der **Gornergratbahn** (GGB) dauert rund eine Stunde und führt auf 3.089 m Seehöhe. Wir klettern mit der GGB durch herrliche Lärchenwälder und im Bergfrühling von Blumen übersäte Weiden an den Stationen Riffelalp und Riffelberg vorbei zum Berggasthaus Gornergrat. Von hier schweift der Blick über die Eisflächen des Theodul-, Grenz- und Monte-Rosa-Gletschers, die sich mit dem mächtigen Gornergletscher vereinigen. Zum Greifen nahe scheinen auch die schimmernden Gipfel des Monte-Rosa-Massivs und der Cima di Jazzi, des mächtigen Breithorns, der Pyramide des Wisshorns und des wohl bekanntesten Schweizer Bergs, des Matterhorns. Noch spektakulärer gestaltet sich die Aussicht vom 3.532 m hohen **Stockhorn**, das über eine Luftseilbahn erreichbar ist.

Gornergrat-Zahnradbahn mit zweipoligem Drehstromfahrzeug: Tandemgarnitur Bhe 4/8 im Anstieg von Riffelboden-Riffelberg. *Foto: Helmut Petrovitsch*

Bei Arth-Goldau schlängelt sich die Zulaufstrecke von Luzern entlang des Zuger Sees. Der „Heckeneilzug" der Linie Luzern – St. Gallen wird von einer der vier Lok-2000-Prototypen geführt.
Foto: Christian Wenger

Tourenvorschlag 5

Gotthardlinie

Die Gotthardstrecke gehört neben der Lötschbergbahn sowie auch der Brenner- und der Tauernquerung zu den bedeutendsten Alpenquerungen. Eine Reise über den Gotthard beginnt man traditionell in **Zürich**, indem man dort in einen der zahlreich Richtung Italien verkehrenden Züge einsteigt. Wir verlassen den Hauptbahnhof von Zürich, umfahren bis Thalwil in einem neu errichteten Tunnel Zürich-Wiedikon und Enge und erblicken danach den **Zürichsee**.

Bei Thalwil verlassen wir das Ufer des Zürichsees, und die Trasse steigt langsam bergan. Wir genießen noch einen letzten Blick über den See, bis wir nach Horgen Oberdorf in den Zimmerbergtunnel einfahren, den wir im waldreichen Sihltal verlassen. Gleich nach Sihlbrugg durchfahren wir wieder einen Tunnel, diesmal den Albistunnel. An seinem Ausgang erwartet uns das grüne Zugerland. Nachdem wir Baar erreicht haben, verläuft die Strecke neben Industrieanlagen, ehedem **Zug** erreicht wird. In Zug, dessen Altstadt sehr gut erhalten ist und eine Besichtigung lohnt, zweigt die

Strecke via Cham und Rotkreuz nach Luzern am **Vierwaldstädter See** ab. Unsere Reise setzt sich südwärts fort dem Seeufer entlang, während sich links die Hänge des Zugerbergs hinziehen. Oft trennt uns nur die Straße vom Wasser, und wir haben eine herrliche Aussicht auf die Halbinsel Chiemen am gegenüberliegenden Ufer. Bald nach Walchwil, das für sein mildes Klima berühmt ist, erkennen wir die steilen Felshänge der **Rigi**. Erst kurz vor Arth am See, einer alten Schifflände, verlassen wir den See. Der **Bahnhof Arth-Goldau** steht auf dem Bergsturzgelände von 1806 und stellt heute einen wichtigen **Verkehrsknotenpunkt** dar. Hier kommt die Strecke von Luzern und Olten bzw. Basel mit jener der Südostbahn nach Pfäffikon zusammen. Im Bahnhofsareal befindet sich auch die Talstation der **Rigi-Bahn**.

Gotthard Nordrampe

Wir erblicken bald nach der Ausfahrt die riesigen Nagelflühblöcke, die Zeugen des Bergsturzes auf Goldau im Jahre 1860. Nach dem Lauerzer See mit der Insel Schwanau drängen sich links die Mythen ins Bild, die Wächter über dem Flecken Schwyz mit dem originellen Rathaus und dem Bundesbriefarchiv. Ab Brunnen

Personenzug mit Re 4/4 11356 unterhalb von Wassen. *Foto: Markus Inderst*

Das Doppel aus 185 104 und 185 143 erklimmt bei Intschi die Gotthard-Nordrampe.

Foto: Christian Wenger

fahren wir den Urner See entlang Richtung Flüelen und Altdorf. Wir sind jetzt im **Kanton Uri** und blicken rechts auf die Ruine Attinghausen. Bei Erstfeld beginnt die eigentliche **Gotthardrampe**. Unser Zug kurvt in weiten Biegungen bergan und lässt uns einen Blick auf die barocke Kirche von Silenen mit dem Kaplanenhaus werfen. Bei Amsteg-Silenen fällt unser Blick auf den wuchtigen Wohnturm der Meier von Silenen, den einstigen von der Fraumünsterabtei von Zürich beauftragten Verwaltern des Landes Uri. Schon dröhnt unser Zug über die Brücke des Chärtschelenbaches, der aus dem Maderanertal hervorschießt, während sich tief unter uns die Kirche und die Gaststätten von Amsteg zwischen Bergflanken zusammendrängen. Immer enger wird die Schlucht der Reuss, und

Interregio mit Re 6/6 11601 bei Silenen
Foto: Armin Schmutz

nach dem ersten Kehrtunnel über Gurtnellen erscheint der Stausee für das Kraftwerk Amsteg. In der nächsten Ausweitung des Tals ziehen die Gleise übereinander durch die Bergflanke und fassen das idyllische Kirchlein von Wassen ein. In **Göschenen** ist die Reusstalfahrt dann zu Ende, bevor es dann in den Gotthardtunnel geht. Zudem besteht in Göschenen auch eine Verbindung zur Matterhorn-Gotthard-Bahn nach Andermatt.

Durch den Gotthard ins Tessin

Die Fahrt durch den gut 15 km langen **Gotthardtunnel**, der in den Jahren 1872 bis 1880 unter Leitung von Louis Favre erbaut und 1882 eröffnet wurde, dauert rund 10 Minuten. Das Südportal liegt unmittelbar in **Airolo**, also zu Füßen des Gotthardpasses. Unmittelbar beim Bahnhof steht ein Bronzerelief, das Vincenzo Vela 1882 im Gedenken an die Opfer des Bahnbaues der Gotthardlinie geschaffen hat. Wir durchqueren die Schlucht, die das Bedrettotal und die Leventina verbindet. Auf der rechten Seite des Ticino geht unsere Reise über Ambri-Piotta nach Rodi-Fiesso. Auf halber Höhe des Bergzuges sehen wir links die Dörfer an der alten Gotthardroute, die heute auf der beliebten Wanderung entlang der Strada alta durchstreift werden können. Nach Rodi-Fiesso fährt unser Zug durch zwei Kehrtunnels, deren Bau wegen des starken Gefälles erforderlich war. Zusammen mit zwei weiteren Kehrtunnels zwischen Lavorgo und Giornico, wo die Gleise auf drei verschiedenen Höhenstufen nahe beisammen verlaufen, ermöglichen sie uns, die **900 m Höhenunterschied bis Bellinzona** zu bewältigen. In Giornico, berühmt wegen seiner kirchlichen Baudenkmäler und der Schlacht der Eidgenossen gegen Mailand von 1478, befindet sich die **Kirche San Nicolao** aus dem 12. Jahrhundert, das reinste lombardisch-romanische Bauwerk der Schweiz. Bei Bodio fahren wir an Granitbrüchen vorbei und gelangen nach Biasca. Hier mündet der aus dem Lukmaniergebiet und dem Bleniotal herfließende Brenno in den Ticino. Von Biasca an heißt das Tal nicht mehr Leventina, sondern Riviera. Wir fahren am Rand des breiter werdenden Talboden an vielen Dörfern vorbei, die auf Schwemmkegeln reißender Flüsse entstanden sind. Arbedo erinnert an die verlorene Schlacht der Eidgenossenschaft gegen die Mailänder von 1422.
Hier vereinigen sich die Täler Mesocco und Riviera. Wenige Minuten später erreichen wir **Bellinzona**, den Tessiner Kantonshauptort. Die drei Burgen Castello Grande oder Castel Vecchio (Uri) aus dem 13. bis 15. Jahrhundert, Monte-

! Tipp: Rigi-Bahnen

Die Rigi-Bahn führt zur 1.800 m hohen Rigi Kulm. Seit 1871 ist dieser Berg von Vitznau (Vitznau-Rigi-Bahn) aus auch eisenbahnmäßig erschlossen, durch die erste und älteste Zahnradbahn der Welt. Eine weitere Besonderheit ist, dass dieser Berg zugleich von zwei verschiedenen Zahnradbahnen erschlossen wurde. 1871 wurde die Strecke von Vitznau (VRB) zur Rigi gebaut, 1875 folgte als Konkurrenz die Arth-Rigi-Bahn (ARB). Beide Bahnen verliefen ab Rigi-Staffel parallel zur Bergstation. Im Jahre 1992 erfolgte die Fusion beider Bahnen zur Rigi Bahnen AG. Bis dahin lieferten sich beide Bahnen heftige Konkurrenzkämpfe. Die Rigi Bahnen verfügen heute noch über eine Vielzahl ihres historischen Fuhrparks, der an bestimmten Tagen zum Einsatz bekommt. Besonders beliebt sind vor allem die im Juli stattfindende Fahrzeugparade oder auch die Sonderfahrten mit der Lok 7 oder den alten Triebwagen. Jedenfalls phantastisch ist die Aussicht von der Rigi. Sie reicht vom Schweizer Voralpengebiet bis tief hinein in den Gotthard oder in die Zentralschweiz. Beliebt sind auch die Ausflugsfahrten im Herbst, wenn der Vierwaldstättersee in einer dicken Nebelwolke eingehüllt ist.

Information:
Rigi Bahnen AG, CH-6354 Vitznau
Telefon: +41/(0)41/399 87 87
www.rigi.ch

Die beiden kleinen Bilder wurden anlässlich der 150-Jahrfeier der Rigi-Bahnen aufgenommen und zeigen die Dampfloks 7 und 16. *Fotos dieser Seite: Armin Schmutz*

Auch trübes Winterwetter kann seine Reize haben. Lok 16 auf der Drehscheibe von Vitznau

Schnellzug mit Re 6/6 11602 bei Chiggiogna, eindrucksvolle Landschaft ist garantiert.
Foto: Armin Schmutz

bello (Schwyz, beherbergt ein historisches Museum) und Sasso Corbaro (Unterwalden) mit dem Folkloremuseum oder die Cima stehen an einer einst strategisch wichtigen Stelle. Eine weitere alte Festung, die Rundtürme von Fortini della fame, erblicken wir links über uns am Eingang des Val Morobbia, bald nachdem wir durch einen Tunnel Bellinzona verlassen haben.
Die Bahnlinie folgt der Talsohle bis nach Giubiaso. Rechter Hand fließt der Ticino Richtung **Lago Maggiore.** Hier haben sich etliche Industriegebiete angesiedelt. Während die Eisenbahnlinien nach Locarno und Luino weiterhin in der Magadinoebene verlaufen (siehe Tipp), biegen wir links ab und steigen in einer langgezogenen Kurve allmählich höher. Linker Hand erblicken wir die Überreste

! Tipp: Locarno und Luino

Von Bellinzona kommend zweigt die Strecke nach Locarno bei Guibiasco ab, in Cadenazzo zweigt die Linie nach Lunio ab. Von der Brücke über den Ticino aus sehen wir linkerhand erstmals den Langensee und die ihn umrahmenden Bergketten und durchqueren nun die Magadinoebene, deren intensive Bebauung kaum noch ahnen lässt, dass sich hier einst eine Sumpfwildnis ausdehnte. Nur die unter Naturschutz stehenden Bolle di Magadino im Mündungsgebiet bewahren noch Reste der ehemals reichen Pflanzen- und Tierwelt. Zwischen Berg und Seeufer führt uns die Bahn über Gordola und Tenero nach Locarno, wo eine sehr interessante Reise durch das Centovalli angetreten werden kann.

Um nach Luino zu gelangen, ist es notwendig, in Cadenazzo in einen Personenzug zu steigen und am Ostufer des Lago Maggiore (Langensees) entlang zu fahren. Wir genießen den Blick über die von weißen Booten gesprenkelte glitzernde Wasserfläche hinüber nach Locarno. Deutlich zu erkennen ist das große Delta der Maggia mit dem ausgedehnten Zeltplatz und dem berühmten Ferienort Ascona sowie die Inseln vor Brissago. Vira ist ein typisches Dorf des Gambarogno, dieser noch unverdorbenen Naturlandschaft mit üppiger Vegetation. Über San Nazzaro und Gerra erreichen wir die Grenzstation Ranzo – S. Abbondio und fahren nun durch italienisches Gebiet und erreichen bald Luino.

einer Festungsanlage, die 1859 zum Schutz vor den Österreichern gebaut wurde. Mit zunehmender Höhe weitet sich zu unserer Rechten die Aussicht auf

Auch „bogenschnell" geht es über den Gotthard mit den CISALPINO-Triebwagen von Zürich nach Mailand, hier bei Faido am Stalvedro-Viadukt. Foto: Armin Schmutz

die Magadinoebene. Wir erkennen die zusammengewachsenen Orte **Tenero, Minusio, Muralto und Locarno am Nordzipfel des Lago Maggiore**.
Auf etwa 450 m Seehöhe fährt unser Zug beim Monte Ceneri, der das nördliche Tessin vom südlichen trennt.
In kurvenreicher Fahrt geht die Reise talauswärts und durch einen Tunnel nach **Lugano**. Die Eröffnung des Gotthardtunnels 1882 hat Lugano zum international bekannten Ferienort gemacht. Den Stadtkern mit den schönen Einkaufsgassen und mit der Seepromenade erreichen wir vom Bahnhof aus mit einer Standseilbahn. Dem See entlang führt uns die Bahn weiter nach Melide, wo sich die Anlagen der Swissminiatur befinden.
Wir überqueren den Seedamm mit Blick auf die italienische Exklave Campione und erreichen – wieder dem Ufer folgend – Capolago mit der Talstation der beliebten Monte-Generoso-Bahn.
Sie gewinnt zuerst in einer langgestreckten Kehre an Höhe und steigt dann dem Grat folgend auf eine Höhe von knapp 1.600 m Seehöhe, wo sich eine großartige Aussicht in alle vier Himmelsrichtungen eröffnet. Nahe Capolago liegt **Riva San Vitale** mit dem frühchristlichen Baptisterium, dem ältesten kirchlichen Bauwerk der Schweiz, das noch völlig erhalten ist.
Von Capolago-Riva San Vitale geht unsere Reise weiter nach Mendrisio und durch einen Teil des Mendrisotto zum Grenzort Chiasso.
Die Fahrt nach **Milano** ist ab Chiasso nur mehr ein „Katzensprung".

Tourenvorschlag 6

Centovallibahn

Die Reise mit der Centovallibahn **von Locarno nach Domodossola** beginnt unterirdisch, also direkt unter dem SBB-Bahnhof in Locarno. Obgleich die ersten Kilometer im Stadtgebiet von Locarno noch unbedeutend sind, gestaltet sich die fast 100 Minuten dauernde Fahrt durch das tessinische Centovalli und anschließend durch das italienische Valle Vigezzo umso interessanter und aufregender.

Die Reise gehört zu den kurzweiligsten Bahnfahrten in der Schweiz, es ist unglaublich, was man in rund 100 Minuten an Landschaftsbildern erleben kann. Immerhin werden auf einer Länge von 52 km nicht weniger als 83 Brücken und 31 Tunnel gequert. Die Fahrt beginnt ganz unromantisch: Durch die Vorortstraßen von Locarno und der seit dem Kraftwerksbau nur noch wenig Wasser führenden Maggia entlang nach Ponte Brolla, wo auch eine Postbuslinie durch den felsigen Engpass im Maggiatal abzweigt. Nach den in Gärten und Weinbergen eingebetteten Dörfern des Pedemonte mit dem Namen Tegna, Verscio und Cavigliano fahren wir über den hohen **Isorno-Viadukt** – eine Stahlkonstruktion, darunter liegt die alte, malerische Römerbrücke sowie eine moderne Betonbrücke für den Straßenverkehr –, nach Intragna, dessen Campanile wir von weiten erblicken. 70 m ragt dieser höchste Kirchturm des Tessins empor und beherrscht das stattliche Dorf an der Gabelung von **Val Onsernone** und **Centovalli.** Centovalli heißt wörtlich übersetzt „Hundert Täler". So viele sind es gerade nicht, aber doch Dutzende von

Beeindruckende Kunstbauten zieren die Centovallina. *Foto: Christian Wenger*

tiefeingeschnittenen Gräben im waldigen Steilhang, der zur **Melezza** hin abfällt – einem der schönsten Wildflüsse, den es in der Schweiz noch gibt. Das wilde und karge Gebiet hat sich im Laufe dieses Jahrhunderts immer mehr entvölkert, sodass in den Dörfern wie Verdasio viele der schönen Steinhäuser dem Verfall preisgegeben sind. Rettung für diese Kulturschätze bringt aber hier der Tourismus. Eine Vielzahl dieser alten Häuser gehören heute deutschsprachigen Schweizern, die sie meist liebevoll und

Moderne Gelenktriebwagen prägen das Bild der Internationalen Schmalspurbahn Centovallina im Verkehr Schweiz – Italien.
Foto: Christian Wenger

stilgerecht renoviert haben. Ein Paradebeispiel aus der früheren Vergangenheit ist die Ortschaft **Bordei** auf der gegenüberliegenden Talterrasse. Dort gelang es mittels einer Stiftung die junge Bevölkerung im Ort zu halten. Von der Station Verdasio führt eine Seilbahn auf die gegenüberliegende Talseite nach Rasa. Das Übersetzen mit der Seilbahn mag für viele ein Moment der Beklemmung sein, wenn man so frei über dem Abgrund schwebt, doch gelangt man auf ein wundervolles Plateau hoch am Hang, dem Nachbarort von Bordei, von wo lohnende Wanderwege nach Corcapolo und Intragna oder über den Bergkamm nach Brissago hinüberführen. Nach Palagnedra, auf der anderen Talseite über dem grünen, in der Tiefe gelegenen Stausee, fahren wir bei Camedo über die Grenze und gelangen damit in das weniger wilde, touristisch stärker erschlossene **Valle Vigezzo** in Italien. Auf dem italienischen Territorium wechseln wir die Talseite und fahren zunächst durch Waldgebiete, bis wir die berühmte Wallfahrtskirche von Re zu sehen bekommen. Sie ist monumental, ihre Kuppeln glänzen weithin im Licht, und in ihrem Innern birgt sie die frühere Kirche. Die Strecke verläuft dann weiter an der nördlichen Bergflanke weiter bis nach **Santa Maria Maggiore**. Zudem befindet sich hier auch der höchste Punkt der Strecke auf gut 840 m Seehöhe. Nach gut einer Stunde Fahrzeit erreichen wir das **Valle d'Ossola**. Von hier geht es bis Trontano gemächlich bergab, danach ist schon ein erster Blick auf den Talkessel von Domodossola möglich.

Die Strecke verliert bis kurz vor Domodossola massiv an Höhe, indem **mehrere Kehrschleifen** befahren werden.

In **Domodossola** besteht nun die Möglichkeit, die Reise weiter nach Milano fortzusetzen oder mit einem der Schnellzüge durch den Simplon wieder in die Schweiz einzureisen. ■

Die Niederflur-Panoramagarnitur quert den Viadukt über das Valle Ingiustria bei Verdasio im schweizerischen Streckenteil.
Foto: Helmut Petrovitsch

Das BLS-Doppel aus 465 015 und 465 017 bei Brigerbad auf der Lötschberg-Rampe im Wallis. *Foto: Christian Wenger*

Tourenvorschlag 7

Lötschbergbahn

Domodossola wurde 1417 samt dem **Val d'Ossola (Eschental)** von den Eidgenossen erobert, fiel aber später an das Mailänder Herrschergeschlecht zurück. Die Strecke zum **Simplontunnel** wird nordwärts verlassen. Nach gut drei Kilometern sehen wir den ersten Bergfluss, die Diveria, in den Fluss Toce münden, dessen Quellgebiet im Tessiner Bedrettotal liegt. Die Diveria begleitet uns bis zur Ortschaft Varzo. Linkerhand liegt der Talgrund vom mehr als 2.000 m überragenden **Pizzo d'Alglia**. Wir befinden uns im Val Divedro und erreichen bald den Kehrtunnel bei Iselle di Trasquera, um sodann in den ca. 20 km langen Simplontunnel einzufahren. Bei Iselle di Trasquera mündet zuvor noch die Ciarasca von Nordwesten in die Diveria. Die Fahrt durch den Simplontunnel dauert rund 10 Minuten. Nach dem Verlassen des Nordportals biegt die Strecke nach Westen ab und nach gut einem Kilometer erreichen wir den Hauptort des Oberwallis, Brig. **Brig** ist eine Verkehrsdrehscheibe, denn hier zweigt die Linie weiter durch das Rhônetal zum Genfer See sowie zum Lötschberg ab. Am Bahnhofsvorplatz befindet sich der Bahnhof der schmalspurigen Matterhorn-Gotthard Bahn nach Zermatt bzw. in den Kanton Graubünden.

Wir setzen unsere Reise zum Lötschberg fort und verlassen den Bahnhof von Brig nördlich. Gleich beim Überqueren der Rhônebrücke verlassen wir den Talboden und fahren die 25 km lange **Südrampe nach Goppenstein** hinauf. Entlang dieser 25 km passieren mehr als 10 große Brücken, 20 Tunnels und zahlreiche Lawinengalerien. Wir tangieren dabei die Orte Lalden, Eggerberg, Ausserberg und

Hohtenn, während dieser Fahrt sehen wir auf der anderen Talseite die weißen Gipfel der Walliser Alpen über die Talterrasse mit den Dörfern Eischoll, Unterbäch und Bürchen, gleichzeitig sehen wir auch in das tiefe, weite **Rhônetal**, wo am Talgrund der gleichnamige Fluss glitzert. Nach Hohtenn biegen wir in die Lonzaschlucht ein, die Trasse verläuft überwiegend in Tunnels und Lawinengalerien. Rechterhand eröffnet sich uns das Lötschental und in Goppenstein wird ein letzter Halt im Wallis eingelegt. Sodann befahren wir den 14.612 m langen **Lötschbergtunnel** und sind mit der Ankunft in Kandersteg bereits im Kandertal. Kandersteg ist Ausgangspunkt zahlreicher Wanderrouten. Die Fahrt verläuft wieder talwärts und von der Weite her sind die Kehrschleifen von **Blausee-Mitholz** sowie auch der gleichnamige Bergsee – ein Naturjuwel mit seiner tiefblauen Farbe – zu sehen. Mit den Doppelschleifen werden rund 396 Höhenmeter überwunden.
Die Strecke verläuft dann stetig zu Tal. Linkerhand grüßen uns die Gipfel von Altels und Balmhorn. Kurz vor Frutigen passieren wir das 264 m lange, und 28 m hohe **Kanderviadukt**, an dessen Ende linkerhand am Talhang die Tellenburg steht. Wenig später erreichen wir Kandersteg, dem Endpunkt der Nordrampe.
Die Strecke verläuft dann unspektakulär im Kandertal, und wir passieren zunächst die Orte Wengi, Reichenbach im Kandertal und Mülenen. Fast unmittelbar im Bahnhofsareal situiert führt links die Niesenbahn in die Höhe, rechts davon zweigt das Kiental ab. Es dauert nicht mehr lange und wir erreichen nach

Das berühmteste Bauwerk auf der Lötschberg-Strecke ist das Bietschtal-Viadukt, hier mit einem Nahverkehrszug der BLS. *Foto: Christian Wenger*

Emdthal den Hondrichtunnel, verlassen damit das Kandertal, erreichen den Eisenbahnknotenpunkt Spiez und dürfen einen ersten Blick auf den **Thuner See** werfen. Hier treffen wir auf die Strecken von Interlaken mit Anschluss an die Brünigbahn und den Bahnen im Jungfraugebiet im Osten sowie der **BLS-Strecke** westwärts nach Zweisimmen und weiter zum Genfer See. Spiez ist ein beliebter Kurort, wo dank des milden Klimas auf dem Spiezberg Weinreben wachsen. Im Schloss aus dem 10. Jahrhundert befindet sich das Heimatmuseum.

Unsere Reise führt uns dann zunächst nach Thun, die wir entlang des Südufers des gleichnamigen Sees genießen dürfen. Bei Einigen ist rechts das älteste Kirchlein des Berner Oberlandes aus dem 10. Jahrhundert zu sehen, und bei Gwatt überqueren wir die Kander. Sehr eindrucksvoll ist linkerhand auch die Kanderschlucht zu sehen, ehe wir vor Thun rechterhand das **Vogelschutzreservat Gwattlischenmoos** erblicken. In Thun angekommen ist am Bahnhof auch der Schiffskanal rechts zu sehen, wo die Linienschifffahrt beginnt. In Thun befindet sich ein sehenswertes Schloss sowie eine Kirche, die rechts zu sehen sind. Die Festung wurde 1191 von Berchtold V. von Zähringen, dem Gründer Berns, gebaut. Seit 1818 ist Thun auch ein Waffenplatz. Unmittelbar am Schienenstrang ziehen sich auf der Fahrt in die Bundeshauptstadt Bern die Industrieanlagen hin, bis wir dann nach Uttigen dann auf die Aare stoßen, die uns bis Rubigen begleitet. Gleichzeitig sei empfohlen, den Blick auch gegen die Fahrtrichtung vorzunehmen, um vom Anblick der **Berner Alpen** mit Eiger, Mönch, Jungfrau und Blümlisalp verzaubert zu werden. Vor Münsingen sehen wir links den Belpberg und die dahinterliegende Stockhornkette. Nach Allmendingen stoßen wir auf die Strecke von Luzern und fahren dann durch die Berner Vorortdörfer Gümlingen und Ostermundigen. Die Reise endet in Bern, doch zuvor überqueren wir noch das 1 km lange **Lorraine-Viadukt** mit Bogenspannweiten von je 150 m.

Der Bahnhof von Bern ist sehr modern gestaltet, es bietet sich an, Bern, die Hauptstadt der Eidgenossen selbst zu besichtigen. Unweit vom Bahnhof liegt die sehenswerte Altstadt am Aareknie, die mit ihren arkadengeschmückten Gassen zum Einkaufsbummel lockt.

Für die Eisenbahn ist Bern ein Knotenpunkt, zahlreiche Eisenbahnlinien führen in alle Himmelsrichtungen weiter.

Moderne Garnituren, sogar im Wendezugbetrieb, sind allgegenwärtig. *Foto: A. Schmutz*

Lötschbergbahn

Schnellzug mit HGe 4/4 II 101.966 kurz vor Interlaken Ost. Foto: Armin Schmutz

Tourenvorschlag 8

Die Bahnen vom Berner Oberland zum Bodensee

Bern eignet sich zur Fahrt in die Berner Alpen hervorragend als Ausgangspunkt. Dazu besteigt man am Besten einen der direkten Züge nach Interlaken. Unsere Reise beginnt zunächst im großzügig angelegten Hauptbahnhof von Bern über den einen Kilometer langen **Lorraine-Viadukt**, von dem wir an klaren Tagen die mächtigen Eisriesen des Oberlandes erblicken können. Nach den Vorortsdörfern Ostermundigen und Gümligen lassen wir die Abzweigung nach Luzern links liegen und haben von Rubigen aus den ersten großen Ausblick auf die Berner Alpen mit Eiger, Mönch, Jungfrau und Blümlisalp. Vor Münsingen sehen wir rechts den Belpberg und die dahinter liegende Stockhornkette. Bei Uttigen überquert die Strecke die Aare, und wir fahren kurz darauf in Thun ein. Die Strecke verläuft nun am Südufer des Thuner Sees, und wir erhaschen links einen Blick auf das Vogelschutzreservat Gwattlischenmoos, überqueren die Kander, wobei rechterhand ein Blick auf die eindrucksvolle Kanderschlucht empfohlen sei. Spiez ist ein des milden Klimas wegen beliebter Kurort mit Schloss und frühromanischer Kirche. Rechts von uns zweigt die Strecke ins Kandertal und zum Lötschberg ab, wir fahren jedoch dem See entlang nach Osten. Über Faulensee, Leissigen und Därligen fahren wir mit schönem Blick auf den gegenüberliegenden Beatenberg dem See entlang und erreichen **Interlaken** West. Nach der Ausfahrt genießen wir die wundervolle Sicht rechts auf die Jungfrau. Über die Aarebrücke erreichen wir den Endpunkt der BLS-Strecke nach Interlaken Ost. Von hier besteht dann ein Anschluss zur **Brünigbahn** der SBB. Jedoch widmen wir uns zunächst den Bahnen im Berner Oberland.

Lötschberg-Südrampe: Luogelkin-Viadukt bei Hohtenn mit Tiefblick ins Rhônetal bis Sierre. Foto: Helmut Petrovitsch

Eine Alpenbahn aus der Sicht des Reisenden: Ein Zug der Zentralbahn trifft in Brienz am gleichnamigen See ein. *Foto: Armin Schmutz*

Das Berner Oberland

Von Interlaken-Ost aus fahren wir über das „Bödeli", das als Schwemmland der Lütschine den Brienzer vom Thuner See abtrennt, nach Wilderswil, wo uns die Reisenden mit Ziel **Schynige Platte** verlassen. Jenseits der engen Waldschlucht füllt plötzlich der schimmernde Schneegipfel der **Jungfrau** den Talausschnitt. In Zweilütschinen, wo sich Schwarze und Weiße Lütschine treffen und links das Wetterhorn herüberleuchtet, fahren wir weiter nach Lauterbrunnen. Es ist auf dem Grund des vom Gletscher in U-Form ausgehobelten Trogtales gelegen, über dessen hohe Felswand der berühmte Staubbach fällt. Durch Blumenwiesen und Nadelwälder fahren wir mit herrlichen Tiefblicken ins Lauterbrunnental hinauf nach Wengen, dem autofreien Sommer- und Winterferienort auf sonniger Geländeterrasse. Spätestens ab hier sollten wir uns einen rechtsseitigen Fensterplatz sichern, um im Anstieg zur Wengernalp den Ausblick auf die fast in greifbare Nähe rückende Eispracht der Jungfraugletscher zu bewundern.
Die Kleine Scheidegg, Zentrum eines erstklassigen Skigebietes, ist auch Ausgangspunkt für schöne Wanderungen.
Wir wählen stattdessen die Fahrt aufs **Jungfraujoch**, das mit 3.454 m Seehöhe bis zum Bau der Bahn aufs Kleine Matterhorn die höchstgelegene Bahnsta-

tion Europas war. Wir erreichen sie über die Haltestellen Eigergletscher, Eigerwand und Eismeer. Im 7 km langen Tunnel erlauben die Felsenfenster atemberaubende Ausblicke auf die berüchtigte Eigernordwand und die blaugrün schimmernde Gletscherschrunde. Auf dem Jungfraujoch genießen wir nicht nur die Aussicht, sondern auch eine Fahrt mit dem nordischen Hundeschlitten, bevor wir auf die Kleine Scheidegg zurückkehren, um dieses Mal auf deren Nordseite durch Alpenrosenfelder und zwischen knorrigen Arven über Alpiglen nach **Grindelwald** hinunterzufahren. Grindelwald hat in den letzten Jahrzehnten als Sommer- und vor allem als Winterferienort einen fast allzu großen Aufschwung genommen. Mit der Fahrt entlang der Schwarzen Lütschine erreichen wir Zweilütschinen und schließen damit unsere Rundreise im Berner Oberland ab.

Die Brüningbahn

Auf schmaler Spur geht es nun weiter nach Luzern, indem wir dorthin mit der einzigen SBB-Schmalspurbahn, der **Brüningbahn (heißt nun Zentralbahn)**, die gut 74 km lange Reise auf uns nehmen. Wir verlassen Interlaken-Ost und überqueren wieder die Aarebrücke. Gleich danach erspähen wir oberhalb von Goldswil auf einer bewaldeten Kuppe eine beeindruckende romanische Kirchenruine und fahren vorbei an den Uferdörfern des Brienzer Sees nach Ringgenberg, das eine Kirche aus dem Jahre 1674 besitzt, Niederried und Oberried. Linkerhand sind die jähen, zerfurchten Flanken der Bergkette von Augstmatthorn bis zum Rothorn zu sehen, während sich rechts von uns der blaugrüne Brienzer See ausbreitet.
Wir erreichen alsbald das Schnitzerdorf Brienz. Brienz ist Ausgangspunkt der Bergbahn zum **Brienzer Rothorn** (siehe Tipp: S. 52/53)
Unsere Reise folgt der kanalisierten Aare bis nach Meiringen, dem Ausgangspunkt von gleich fünf Alpenpässen. Dabei genießen wir den packenden Ausblick auf den Wildgerst, das Schwarzhorn, das Aare- und das Haslital sowie auf die wilden Engelhörner. In **Meiringen** (siehe Tipp: S. 55) machen wir einen Richtungswechsel, bestens bemerkbar, da die Lok an das andere Zugende versetzt wird. Nach dem Verlassen den Bahnhofes geht es entlang der südlichen Steilflanke der Passhöhe entgegen, um dann nach Lungern wieder abzufallen. Man merkt dabei schon, wie gemächlich die Fahrt

über die **Strecke im Zahnradbetrieb** verläuft. Unser Weg führt dabei durch ein sehr hügliges Gelände. Bei Lungern begrüßt uns ein romanischer Turm, sodann verläuft unsere Fahrt entlang der Terrasse des Lungernsees hinunter nach Kaiserstuhl und Giswil, wo wir davor nochmals auf einen km im Zahnstangenbetrieb rund 200 Höhenmeter verlieren. Die Strecke befindet sich am oberen Ende des **Sarner Sees** auf einem Schwemmboden mit reichem Baumbestand. Rechts von uns fließt die Kleine Melchaa und links stürzt der Lauibach vom Giswilerberg herunter. Wir fahren am Ostufer des Sarner Sees talwärts nach Sachseln, wo in der Kirche der heilige Nikolaus von Flüe begraben liegt. Es geht nun weiter nach Sarnen, dem Haupt- und Landsgemeindeort des Halbkantons Obwalden mit der sehenswerten, doppeltürmigen Pfarrkirche. Unsere Reise führt uns weiter durch das freundliche weite Tal der Sarner Aa. Wir passieren die Orte Kerns-Kägiswil, Alpnach Dorf und erreichen Alpnachstad. Dabei stoßen wir rechterhand auf den **Alpnacher See**, gleichzeitig sind auch die Rigi-Westflanke sowie der Bürgenstock zu sehen, bevor es durch den Lopper-Tunnel nach Hergiswil geht. In Hergiswil zweigt die Strecke nach Engelberg ab. Von hier ist es nicht mehr weit nach Luzern, wir durchfahren noch den Vorort Horw und erreichen Luzern, das malerisch an der nordwestlichen Bucht des Vierwaldstättersees liegt und gleichzeitig Ausfluss der Reuss ist. Luzern wurde 840 erstmals urkundlich erwähnt und ist heute ein bekannter Fremdenort . **Luzern** ist nicht nur wegen des **Schweizer Verkehrshauses** bekannt, sondern auch wegen der Kapellbrücke mit ihren berühmten Bildmalereien im Brückendachstuhl oder auch die Spreuerbrücke mit dem Totentanz und die vielen Wehrtürme. Einen Rest Ihrer kulturhistorischen Neugier müssen Sie allerdings noch aufsparen, denn unsere abschließende Reise in den Kanton Unterwalden beschert uns auf

! Tipp: Brienzer Rothorn-Bahn

Die Bahn auf das Brienzer Rothorn gehört heute zu den bekanntesten Bergbahnen in der Schweiz. Ausgangspunkt für die Fahrt auf die 2.244 m hoch gelegene Talstation ist Brienz am gleichnamigen See. Zum Einsatz kommen neuere Dampfloks von SLM (Baujahre 1992 – 1996), die mittels zweier Vorstellwagen die 7,6 km lange Strecke bezwingen. Fahrzeuge aus der Gründerzeit werden gelegentlich noch eingesetzt. Seinen besonderen Reiz verdankt das Brienzer Rothorn seiner einzigartigen Lage. Am Fuß des Brienzer Sees reicht das Panorama über den ganzen Bogen der Berner Alpen. Finsteraarhorn, Eiger, Mönch, Jungfrau, Blüemlisalp und viele andere Eisgipfel sind zu bewundern.

Information:
www.brienz-rothorn-bahn.ch

Gebirgsbahn und Felsvorsprung: Schnellzug bei Brunneflue. *Foto: Armin Schmutz*

diesem Gebiet noch mancherlei Überraschungen auf dem Netz der Zentralbahn. Wir müssen wieder nach **Hergiswil** zurückfahren, wo wir nach rechts nach Horw – über dem Vorort Kriens – das Schlösschen Schauensee erblicken. Nach Hergiswil, am Ausgang einer schönen Seebucht mit Sicht auf Rigi und Bürgenstock gelegen, zweigen wir ab von der Brüninglinie und fahren durch einen Tunnel und über die Achereggbrücke nach Stansstad und weiter mit Blick auf das Stanserhorn nach **Stans**, dem Hauptort des Halbkartons Nidwalden. Hier drängt sich ein Zwischenhalt auf: nicht nur der bekannten Gasthöfe wegen, sondern auch um des schönen, von Barockfassaden umstandenen Dorfplatzes willen mit Pfarrkirche, Rathaus und Winkelried-Denkmal. Charakteristische Nidwaldner Bauernhäuser sehen wir auch in Wolfenschiessen mit einem ebenfalls eindrücklichen Gotteshaus und vor allem in Dörfli mit der markanten Burgruine, wo rechterhand das vierhundertjährige Höchhaus mit Dachreiter steht, eines der schönsten Holzhäuser der Schweiz. Das größte Erlebnis für Kunstfreunde bietet aber Engelberg, das wir nach **Grafenort**, der letzten Station im Talboden, in einem steilen Zahnradanstieg mit vielen Kehren erreichen. Das ehrwürdige Benediktinerkloster, dem der Hauptort des Halbkantons Obwalden seine Existenz verdankt,

Im Angesicht der Eigernordwand verläuft der offen liegende Anstieg der Jungfraubahn von der Kleinen Schönegg bis Eigergletscher. Foto: Helmut Petrovitsch

besitzt eine wunderbare lichte Barockkirche mit reichem Stuck- und Altarschmuck und der größten Orgel der Schweiz.

Auf zum Bodensee

Die weitere Reise erfolgt nun mit dem **Voralpen-Express vom Vierwaldstätter See zum Bodensee**. Zwischen beiden Seen bestehen regelmäßige Schnellzugverbindungen, die wir nun auf unserer Reise benützen. **Vom Kopfbahnhof Luzern aus** verlassen wir die Stadt durch eine Folge von Tunnels und tauchen an der Luzerner Bucht wieder auf. Die Linie wendet sich nach Meggen über dem Küssnachter Arm des Sees und mit Blick auf die Westflanke des Rigi. Bei Merlischachen sind wir bereits auf Schwyzer Boden. Nach Küssnacht bemerken wir rechts einen Waldstreifen, der die Hohle Gasse verbirgt, in der Wilhelm Tell einst Gessler erschossen haben soll. Auf dem Bühl stehen die Ruinen der so genannten Gesslerburg. Nach einem kurzen Tunnel erblicken wir links den Zuger See, dann hält der Zug in Arth-Goldau, dem Knotenpunkt zur Gotthardbahn.

Die Südostbahn (SOB)

Wir verlassen nun den Bahnhof **Arth-Goldau** in einer starken Steigung, vorbei an Felsblöcken, die noch vom Goldauer Felssturz zeugen, und Kirschbäumen nach Steinerberg. Auf dem Weg dorthin erblicken wir die Windgälle, den Uristock, den Fronalpstock und den Klingenstock sowie die Mythen. Nach Steinerberg haben wir einen herrlichen Ausblick ins fruchtbare Lauerzertal und auf den Lauerzer See mit dem Inselchen Schwanau. Rechterhand blicken wir aufs Hochstuckli, ein lohnendes Ausflugsziel mit prächtiger Rundsicht. Im Sattel liegt links die Straße nach Morgarten und zum Aegerisee. Wir durchfahren nun das Schlachtfeld, auf dem 1798 die Schwyzer unter der Führung von Redings die unter Schauenburg kämpfenden Franzosen schlugen und passieren Rothenthurm und fahren über Altmatt, wo kurz davor der alte Pilgerweg über den „Katzenstrick“ nach Einsiedeln führt, nach

Biberbrugg. In Biberbrugg befindet sich die Abzweigung nach **Einsiedeln**, dem weltbekannten Wallfahrtsort mit der barocken Klosterkirche und dem Kloster, das der hl. Meinrad schon im 10. Jahrhundert gründete. Nach Biberbrugg verläuft die Trasse spürbar talwärts, und wir fahren auf der Rampe dem Hang der Höhronen Samstagern entgegen und haben dabei einen Ausblick auf den Speer, auf die Säntis, auf die Bachtelkette und den Pfannenstiel sowie auf die Stadt Zürich. In Samstagern befindet sich das Depot der Südostbahn (SOB), und es geht Wollerau entgegen. Währenddessen überrascht uns ein herrlicher Ausblick auf den **Zürichsee**, und es geht weiter talwärts, vorbei an Leutschen und Freienbach, wo die einzigen Trauben der Urschweiz gedeihen, und treffen in Pfäffikon auf die Schnellzuglinie Zürich – Chur.
Unsere Fahrt geht nun weiter nach Rapperswil und wir erreichen zunächst Hurten, wo sich ein Durchstich am Dorfausgang, der die Schifffahrt zwischen Zürich- und Obersee ermöglicht und damit die frühere Halbinsel zur Insel werden ließ. Links zuvor grüßen uns die Inseln Ufenau und Lützelau. Die Ufenau, seit 965 im Besitz des Klosters Einsiedeln, war 1523 die letzte Zufluchtsstätte Ulrich von Huttens. Rechts, im Obersee, sehen wir das „Heilig Hüsli“ als Überrest der ersten Holzbrücke, die 1358 gebaut wurde. Sodann überqueren wir die 931 m langen, 1956 fertig gestellten Seedammbrücken und erreichen **Rapperswil**, das dank seines Grafenschlosses aus dem 13. Jahrhundert auch die Rosenstadt genannt wird.
Wir verlassen nun das Bilderbuchstädtchen Rapperswil, das von Schloss und Kirche überragt wird, und fahren nach **Romanshorn** am Bodensee. Wir durchqueren von Südwest nach Nordost den ganzen Kanton St. Gallen und erleben dabei die Vielfalt seiner Landschaften. Unmittelbar dem Ufer des Obersees entlang fahren wir in die Ebene der kanalisierten Linth nach Uznach. Kurz nach dem **Kaltbrunner Viadukt**, in dessen Nähe ein Naturschutzgebiet von nationaler Bedeutung liegt, fahren wir in den 8.600 m langen **Rickentunnel** ein, der bis zum Ausgang kurz vor Wattwil an der Thur 100 m Steigung überwindet. Nun sind wir bereits im voralpinen Toggenburg mit seinen von markanten Gipfeln überragten grünen Weiden und Tannenwäldern. Schon nach dem hübschen alten

i Meiringen-Innertkirchen-Bahn (MIB)

In Meiringen, dem Wendepunkt der Brüningbahn, führt eine weitere Bahn in das hintere Aaretal. Ausgangspunkt ist der unweit des Zentralbahn-Bahnhofes gelegene Bahnhof der MIB. Obwohl beide Bahnverwaltungen dieselbe Spurweite von 1.000 mm aufweisen, verlaufen sie völlig getrennt. Die MIB diente ursprünglich als Materialbahn des Grimselkraftwerks. Sie ist allerdings nur 5 km lang, wobei die Aareschlucht in einem Tunnel gequert wird. Ab Innertkirchen führt eine unterirdische Stollenbahn nach Guttannen gelegentlich Personentransporte.

Information:
Meiringen-Innertkirchen-Bahn
CH-3862 Innertkirchen
Telefon: 033/982 20 11
www.grimselstrom.ch
www.aareschlucht.ch

Schynige Platte: Dampflok 5 auf der Talfahrt bei Breitlauenen *Foto: Armin Schmutz*

Städtchen Lichtensteig verlassen wir das Thurtal wieder, durchqueren den 3.500 m langen **Wasserfluhtunnel** und gelangen ins Tal der Necker. Mit Hilfe mehrerer Tunnels überwinden wir das Russentobel und umfahren auf dem höchsten Punkt der Bahnlinie in einer Schleife das Stickereidorf Degersheim. Mit Hilfe zahlreicher Kunstbauten wie des **Bühlbergtunnels**, des **Weissenbach-** und des **Glattviadukts** bewältigt die Bahn die stark zertalte, waldige Gegend und erreicht **Herisau**, den weit verstreuten Hauptort des Halbkantons Appenzell Außerrhoden mit bemerkenswertem altem Dorfplatz und zahlreichen Gasthöfen. Durch mehrere Tunnels und über den hohen Viadukt, der uns einen eindrücklichen Tiefblick ins wilde Tobel der Sitter und ins hier einmündende Urnäschtal erlaubt, fahren wir nach **St. Gallen**. Auch der Rest der Strecke weist zahlreiche interessante Kunstbauten auf. Durch den **Rosenbergtunnel** gelangen wir nach St. Finden, dann auf hohem Damm über die pittoreske Steinachschlucht und durch den **Bruggwaldtunnel** nach Wittenbach. Bei Roggwil-Berg erblicken wir den Bodensee, den wir in sanfter Talfahrt durch weite Obstgärten in Romanshorn erreichen, dessen Bahnhof unmittelbar am Hafen situiert ist. Von hier aus besteht die Möglichkeit, entlang des Bodensees zu fahren, entweder ostwärts nach St. Margrethen und weiter nach Österreich oder westwärts über Konstanz bis nach Schaffhausen, teils schon am Rhein entlang.

! Tipp: Pilatusbahn

Wer es darauf anlegt, steil hinaus zu wollen, dem sei die Pilatusbahn empfohlen. Sie bricht alle Rekorde und steht sogar im Guinnessbuch der Rekorde, ist sie doch die steilste Zahnradbahn der Welt mit 480 ‰ Neigung. Die Bahn beginnt in Alpnachstad. Die Triebwagen benötigen für die 4,3 km rund 40 Minuten, wobei im Konvoi gefahren wird. Zugkreuzungen finden in der Ausweichstation Aemsigen statt, während der gesamten Strecke werden auch mehrere Tunnel durchfahren. Die Bergstation ist gut erschlossen, als Rückreise bietet sich auch die Seilbahn nach Kriens an.

Information:
PILATUS-Bahnen
Schlossweg 1, CH-6010 Kriens
www.pilatus.ch

Triebwagen 4004 der MOB im Schülerverkehr bei Les Sciérnes. *Foto: Christian Wenger*

Tourenvorschlag 9

Vom Thuner See via Greyezer Land zum Genfer See

Spiez ist uns auf unserer Reise quer durch die Schweiz schon wohlbekannt, liegt es doch entlang der Lötschberglinie. Unsere Reise setzt sich westwärts fort. An den beiden Stauseen der Bernischen Kraftwerke (BKW) vorbei geht es über die Kanderbrücke. Wir werfen einen Blick auf die stolze Burg von Wimmis, Amtssitz des Bezirks Niedersimmental, und wir fahren schon den nächsten, größeren Stausee der BKW entlang, der hier den natürlichen Talriegel ausnützt. Bald nach Oey-Diemtigen, wo die Straße ins Skigebiet des Diemtigtals abzweigt, grüßt uns der hochgelegene Kirchturm von Erlenbach, gebaut in charakteristischer Simmentaler Art mit hölzernem, von einem weit vorragenden Schindeldach überdeckten Glockenstuhl über dem breitgemauerten Turm. Kunstfreunde sollten nicht verpassen, in der Kirche die neurestaurierten Fresken aus dem 15. Jahrhundert zu besichtigen. Sehenswert ist auch die Kirche von Oberwil mit ihren reichen Holzschnitzereien. Musterhaft ist diejenige von Boltigen, und das Gotteshaus von Zweisimmen ist mit einer über 500jährigen Holzdecke und schönen Glasgemalden ausgestattet. Noch fahren wir aber durchs grüne **Simmental**. Charakteristisch für diese Gegend sind oft die symmetrischen, vielfach mit Schnitzereien und Malereien verzierten Hausfassaden unter breitem Giebeldach.

In **Zweisimmen** steigen wir um: entweder in den Zug der MOB, der uns über Gstaad durchs Waadtländer Pays d'Enhaut nach **Montreux** bringt oder in den Zug, der uns bis nach Lenk bringt. Lenk ist heute ein bekannter Sommer- und Winterferienort. Aber unsere Reise geht nun weiter mit der **Montreux-Oberland-Bahn** (MOB), die unterschiedliche Zuggattungen für uns als Reisende anbietet. Am eindruckvollsten

Die Schleifenentwicklung unterhalb von Schönried öffnet den Blick auf das Rüblihorn.
Foto: Helmut Petrovitsch

lässt sich die Reise wohl im **Crystal Panoramic Express** verfolgen. Extra dafür bereitgestellte Kanzelwagen ermöglichen eine rundum Aussicht aus den dem Panoramawagen, der Lokführer sitzt quasi in einer Kanzel darüber. Zweisimmen wird im steilen Anstieg verlassen, um an Höhe zu gewinnen wird ein Kehrtunnel durchfahren. Wir genießen dabei noch die letzten Blicke auf das Simmental mit dem Rinderberg, vor uns geht es vorbei an herrlichen Alpweiden mit den weltberühmten Simmentaler Kühen. In kurvenreicher Fahrt gelangen wir in die Ferienlandschaft von Saanenmöser und Schönried, ehe es dann wieder bergab geht. In einer engen Kehre nach rechts gelangen wir in den **Bahnhof Gstaad**. Das Dorf ist bekannt für seinen sehr einheitlichen Baustil, der schon von der Weite her gut sichtbar ist. Unsere Reise führt uns danach in den Ort Saanen. Dieser besitzt eine schöne Landkirche aus dem 15. Jahrhundert mit sehenswerten Wandmalereien. Bekannt sind auch die Holzbauten mit ihren reichen Malereien und Schnitzereien. Wir bewegen uns nun auf die Kantonsgrenzen von Bern und Waadt zu, gleichzeitig überqueren wir auch die **Sprachgrenze** zwischen dem deutschsprachigen Teil des Saanetals und dem französischsprachigen, und fahren flussabwärts entlang der Sarine (Saane). **Rougemont** ist der erste Ort im **Kanton Vaud** und schon bald erblicken wir den Turm der Pfarrkirche, die, ebenso wie das Schloss, zum ehemaligen Cluniazenserpriorat St. Nicolas gehörte. Es geht nun durch einen Engpass weiter. Wir befinden uns nun im Pays d'Enhaut mit seinen hübschen Bauernhäusern und passieren die Orte Flendruz, Les Combes, Les Granges und erreichen alsbald den bekannten Ferienort Château-D'Oex, welcher sich auf einer Sonnenterasse befindet. Durch das enge Tal zwängen sich zwischen den Bergflanken Bahn, Straße und die Sarine. Es dauert nicht lange, und wir sind nun in Montbovon angekommen, das in der Talschaft der

Haute Gruyère liegt. Dieser freiburgische Teil des Saanetals zieht sich bis zum Ort Gruyère. Wir verlassen nun **Montbovon**, wo die Strecke nach Bulle und Romont bzw. Palézieux abzweigt, und unsere Fahrt verläuft in Kehren und in einem Tunnel durch die Grünen Weiden der Gruyère (Greyerzerland). Die Gegend wird von Bergwiesen und Tannenwäldern beherrscht. Diese unberührte Natur führt uns dann zum Ostportal des auf 1.111 m Seehöhe liegenden und 2.424 m langen **Jamantunnel**, danach geht es durch Wälder in die Orte Jor und Les Avants. Nach Les Avants dürfen wir einen ersten Blick über die Weiten des Lac Léman (Genfer See) sowie auf die Savoyer Alpen am französischen Ufer nehmen. Die Trasse verläuft nun sehr kurvenreich dem Tal entgegen, und wir passieren dabei zwischen Les Avants und Montreux zahlreiche Feriendörfer, die auf den Sonnenhängen errichtet wurden. **Montreux** ist der Endpunkt dieser Reise. Der Ort zählt heute zu den bedeutendsten Ferienorten in der Schweiz, allen voran am Genfer See. In Montreux angekommen, sind es nur noch wenige Schritte zum SBB-Bahnhof, wo Anschlussverbindungen einerseits in die Westschweiz nach Genf und in den Jura sowie andererseits ins Rhônetal flussaufwärts bestehen.

i Info: Panoramawagen

Seit 1976 setzt die MOB im Touristikverkehr zunehmend auf vollverglaste Aussichtswagen. Auf den dunkelblauen „Super Panoramic“ folgte der Crystal Panoramic“ in Elfenbein. Seit 2002 werden zwei entsprechende umlackierte Züge als „Golden Pass“ vermarktet.

MOB „Golden Panoramic“ im Anstieg von Gstaad nach Schönried. *Foto: H. Petrovitsch*

Ein CISALPINO bei Uvrier – im Hintergrund die Valère. Foto: Armin Schmutz

Tourenvorschlag 10

Lausanne/Montreux – Martigny – Brig

Wer auf dieser Reise den Blick auf die weite Fläche des Genfer Sees, die Savoyer Alpen, die Dents du Midi und den Mont Blanc genießen will, wird schon beim Einsteigen des Zuges in **Lausanne** einen Fensterplatz auf der rechten Wagenseite präferiert haben. Die Gestade des Genfer Sees sind berühmt für ihr mildes Klima. Die Hänge, die zum See abfallen, dessen Wasser die Temperaturen ausgleicht und dessen Oberfläche die Sonnenstrahlen reflektiert, sind bestens geeignet für den Weinbau. Dies haben schon die Römer erkannt, welche die Weinreben hier heimisch machten. Das Weinbaugebiet zwischen Lausanne und Chillon heißt Lavaux, dasjenige zwischen Chillon und Bex trägt den Nahmen Chablais. Beide Regionen sind bekannt für ihre guten Tropfen. Doch wir verlassen nun den Bahnhof von Lausanne, Knotenpunkt der Linien von Genf und Bern/Zürich der Jura-Linie, und fahren durch das im Mittelalter befestigte Weinbauernstädtchen Lutry. Kurz nach Villette liegt links über uns von Weinbergen umschlossen das Dorf Grandvaux. Das reizende Cully wird durchquert, und wir erhaschen einen Blick auf Epesses, beides bekannte

i Info: Montreux Jazz Festival

1967 gründete Claude Nobs in Montreux ein Jazzfestival, das sich nach wenigen Jahren zu einem der bekanntesten Musikevents der Welt entwickelte hatte. Grund ist wohl auch, dass man sich nicht auf Jazz allein beschränkte. Rock- und Bluesgrößen wie B. B. King, Frank Zappa gehören zur mittlerweile stattlichen Garde der Künstler, die die Schweizer Riviera mit ihren Auftritten beehrten.

Information:
www.montreuxjazz.com

Winzerorte. Das kleine Städtchen **St. Saphorin** mit seinem Schloss Glérolles und seiner Pfarrkirche zählt zu den malerischsten Orten am See. **Vevey** besitzt neben den Sitzen von bekannten Unternehmen aus Handel und Industrie eine Altstadt mit verwinkelten Gassen und verschiedenen schönen Gebäuden.
Zu sehen sind viele kleine Läden und die schönen Brunnen, die imposante Präfektur und der Glockenturm von St. Martin. Von hier trägt uns eine **Schmalspurbahn mit Zahnradbetrieb** hinauf nach **Blonay**, einem inmitten von Weiden und Weinbergen verlaufenden, von einem mächtigen Schloss überragten Ferienort mit vielen Wandermöglichkeiten im Voralpengebiet, bis nach Les Pléiades, einem bekannten Skiort auf über 1365 m Seehöhe mit herrlichem Ausblick auf die Juraketten im Norden bis zum Mont Blanc im Süden. Vevey liegt an der **„Waadtländer Riviera“**, wie die sich bis Montreux hinziehende Uferzone auch genannt wird. Montreux – keine Stadt, sondern eine Region, die sich früher aus drei Gemeinden zusammensetzte – besitzt eine mehr als 5 km lange, sonnige und autofreie Uferpromenade. Das Gebiet hat sich insbesondere im 19. Jahrhundert zum weltbekannten Kur- und Ferienzentrum entwickelt. Montreux ist zudem Ausgangspunkt zwei weiterer Eisenbahnstrecken. Die **MOB** haben wir bereits im Tourenvorschlag 9 kennengelernt, die zweite Strecke führt nach **Rochers de Naye,** von wo man ebenfalls eine herrliche Rundumsicht auf die atemberaubende Bergwelt hat. Das Schloss Chillon, eines der berühmtesten Europas, war 1150 im Besitz der Savoyer, wurde 1536 bis 1733 bernischer Landvogteisitz und gehört seit 1798 dem Kanton Waadt (Vaud). Berühmtester Gefangener war François Bonivard (1532 – 1536), dessen Schicksal der englische Dichter Byron beschrieb. Sämtliche Anlagen des Schlosses stehen heute zur Besichtigung offen.
Bei **Villeneuve** erreichen wir das Ende des Sees. Die Sumpflandschaft rechts beim Einfluss der Rhone steht zum Teil unter Naturschutz. Bei **Aigle** grüßt links das Schloss, dann fahren wir am Hügel Charpigny mit der Burgruine St. Triphon

MOB auf 800-mm-Zahnradspur: Rochers de Naye. *Foto:. Helmut Petrovitsch*

vorbei. Aigle darf auch als Knotenpunkt für mehrere **Lokalbahnlinien** gesehen werden. Die erste Linie führt nordwärts entlang des Flüsschens Grande Eau hinauf nach Le Sépey, wo sich die Passstraßen Col des Mosses und Col du Pillon inmitten eines herrlichen Wandergebietes treffen. Nach weiteren 20 Minuten fahren wir durch das wilde Vallée des Ormonts nach **Les Diablerets** auf 1.150 m Seehöhe, wo mächtig über uns die Felswände und Schneefelder des Diablerets-Massivs emporragen. Die zweite Linie führt uns in den Süden nach **Champéry**. Zunächst den Weinbergen entlang flussaufwärts nach Ollon, einem schönen Bauern- und Winzerdorf mit alten Häusern, die sich um die Kirche scharen, überqueren wir die Autobahn und auch die breite Rhône hinüber nach Monthey. Hier öffnet sich das Val d'Illiez, eines der lieblichsten Walliser Täler. In Blumenmatten verstreut stehen die Häuser der Ortschaft Val d'Illiez, im Hintergrund thronen die wilden Bergzacken der Dents du Midi. Lange Zeit ein verträumtes Dorf, hat sich Champéry zu einem bekannten Skigebiet entwickelt. Doch nun wieder zurück nach Aigle und ins Rhônetal, wo wir als nächsten Ort **Bex** erreichen. Die Geschichte von Bex, dem alten Städtchen im unteren Rhônetal, reicht zurück bis in die Zeit der Römer, die seine Salinen und Heilquellen bereits nutzten. Dem tiefeingeschnittenen Wildbach L'Avançon folgend, klettert ein Bähnchen hinauf zum 1.114 m hoch gelegenen Sommer- und Winterferienort Gryon, der mit seinen um die alte Kirche gruppierten dunkelbraunen Chalets viel von seinem Charme bewahrt hat. Moderner, aber immer noch recht ursprünglich wirkt der bekannte Kurort Villars-sur-Ollon, auf einer sonnigen grünen Hochebene gelegen, mit seinen vielfältigen Sportanlagen. Zahlreiche Bahnen erschließen ein großes Ski- und Wandergebiet. Dies gilt ebenfalls für unser Reiseziel, den 1.850 m hoch gelegenen Col de Bretaye, wo im Winter mehrere Skilifte zur Verfügung stehen und im Sommer Bootsfahrten auf dem idyllischen **Lac de Chavonnes** möglich sind. Das Gebiet ist auch für seine reiche Alpenflora bekannt. Die Bergflanken beidseitig des Rhônetals schließen sich zusammen und zwingen die Bahnlinie in das Engnis von St. Maurice mit dem Schloss und der Abtei, dem ältesten kirchlichen Zentrum der Schweiz mit seinem berühmten Kirchenschatz.

Zahnradbahn Aigle – Leysin: 250 Promille Anstieg durch Weingärten. *Foto: Petrovitsch*

In St. Maurice zweigt eine 26 km lange **Stichbahn nach St. Gingolph** die entlang der Rhône zum Südufer des Genfer Sees führt. Dann weitet sich das Tal wieder, und wir reisen nach **Martigny**. Diese Stadt, auf 471 m Seehöhe am Rhôneknie gelegen, ist ein wichtiger Verkehrsknotenpunkt (siehe Seite 64). Das lebhafte Städtchen, in römischer Zeit Octodurum genannt, wird hoch überragt von den Ruinen der Burg La Bâtiaz. Reste aus römischer Zeit sind auch ein Amphitheater und Fundamente eines Forums und eines Tempels.

Wir besteigen hier den Zug, der uns rhôneaufwärts führen wird. Weit ziehen sich die Aprikosen-, Birnen- und Apfelkulturen in der Ebene dahin, und an den Sonnenhängen reifen die Trauben, aus denen der Fendant gewonnen wird. Kleine Orte wie **Saillon** fliegen vorbei, und es grüßt die Burg von Saxon. Aus den Seitentälern blitzen die Schneegipfel. Unverwechselbar ist das Bild von **Sion**: die Kirchenburg La Valère thront hoch über dem Städtchen, und auf dem steilen Nachbarhügel steht die Bischofsburg Tourbillon. Würden wir hier einen Zug überspringen, fänden wir schöne alte Häuser, ein Rathaus und die Kathedrale Notre-Dame. Über St. Léonard und Granges, das zugleich Bahnstation für das Terrassendorf Lens ist, führt unsere Strecke weiter und hält kurz im Marktort und Verkehrszentrum Sierre/Siders. Weiter folgt die Trasse der Rhône, die im Deutschwallis „Rotten“ genannt wird, und wir fahren am berühmten **Pfinwald**, dem größten Föhrenwald der Schweiz vorbei. Kurz vor **Leuk** mit seinen schönen alten Herrenhäusern und der ältesten Barockkanzel der Schweiz überquert unsere Bahnlinie die Rhône. Vor uns taucht der Felshügel von **Raron** mit Burg und Kirche auf, wo sich das Grab von Rainer Maria Rilke befindet. **In Raron befindet sich auch das Südportal des neuen Lötschberg-Basistunnels.** Am linken Hang erkennen wir die Südrampe der Lötschbergbahn, die ebenfalls Brig zum Ziel hat. Kurz hält der Zug in Visp, dem Ausgangspunkt ins Saas- und Mattertal, und Umsteigemöglichkeit zur **Matterhorn-Gotthard-Bahn**. Das Dorf wird überragt von Burg und Kirche, zudem überraucht von den Industrieschornsteinen der Lonzawerke. Dann fahren wir links an der alten Pfarrkirche von Glis vorbei und haben nach einer knappen Stunde von Martigny her Brig erreicht. Brig ist, wie bereits schon ausgeführt, wiederum Eisenbahnknotenpunkt mit zahlreichen Reisemöglichkeiten. ■

Tourenvorschlag 11

Bahnen zum Mont Blanc (TMR SA)

Wie bereits berichtet, ist **Martigny** ein Verkehrsknotenpunkt. Die Stadt gehört mit **Sion** zu den wichtigsten Ortschaften des Unterwallis. Seine barocke Pfarrkirche aus dem 17. Jahrhundert enthält sehenswerte Holzschnitzereien. Schon zu römischer Zeit war Martigny unter dem Namen „Octodurum" ein wichtiger Handelsplatz. Es hat diese Rolle auch im Mittelalter als Station auf dem Weg von Burgund über den **Großen St. Bernhard** ins Piemont innegehabt. Unser Zug befindet sich südlich vom SBB-Bahnhof, und wir fahren an den Ruinen des römischen Amphitheaters Le Vivier vorbei nach Martigny-Bourg und biegen, dem Fluss Drance folgend, in ein Tal ein. Es führt uns nach Sembrancher am Zusammenfluss der Drance d'Entremon und der Drance de Bagnes. Rechts über dem Bahnhof liegen die Überreste einer Burg, die einst diesen Bereich der Handelsstraße über den Großen St. Bernhard sicherte.

Unsere Fahrt geht durch das Val d'Entremont mit seinen alten Siedlungen, deren Einwohner mehrmals unter fremden Invasoren zu leiden hatten, dem Großen St. Bernhard entgegen. Rechts stürzen die Hänge des Catogne gegen das Tal herab. Über La Douay erreichen wir **Orsières**. Hier beginnt die **Bergstrecke** zum Pass bzw. zum Tunnel des Großen St. Bernhard. Orsières besitzt eine beachtenswerte Kirche mit einem spätromanischen Glockenturm, dem ein achteckiger

„Alpen-Metro": Viaduc Ste. Marie vor den Rochers des Fiz. *Foto: Helmut Petrovitsch*

Steinhelm aufgesetzt ist. Etwas weiter bergwärts teilt sich das Tal erneut. Von rechts her fließt die Drance de Ferret aus dem wildromantischen Tal am Rand des **Mont-Blanc-Massivs**. Das linke Tal hingegen bildet den Zugang zum Großen St. Bernhard.
Vom Sembrancher aus können wir auch durch einen Teil des Val de Bagnes zu dessen Hauptort **Le Châbles** reisen. Die Bahn gibt uns Gelegenheit, eine landschaftlich besonders reizvolle Berglandschaft zu entdecken. Die Kirche von Le Châbles besitzt, ähnlich wie jene von Orsières, einen achteckigen Steinhelm. Vom Dorf fährt das Postauto auf einer kurvenreichen Passstrecke ins Wander- und Skigebiet von Verbier hinauf. Die Strecke können wir auch mit der Luftseilbahn zurücklegen. Geradeaus zieht sich das Val de Bagnes gegen den Stausee von Mauvoisin hinauf. Die Talsohle, die intensiv kultiviert ist, wird eingefasst von Berghängen, auf deren Terrassen sich kleine Siedlungen und Maiensässe (Frühlingsbergweiden) sonnen. Das Tal stellt übrigens mit 295 km^2 die flächenmäßig größte Gemeinde der Schweiz dar. Darüber hinaus führt noch eine weitere Bahnlinie in die französischen Alpen. Ausgangspunkt ist ebenfalls am südwestlichen Anschluss des SBB-Bahnhofes. Die landschaftlich reizvolle Schmalspurstrecke führt ins ins französische Mont-Blanc-Dorf **Chamonix** mit der **spektakulären Linienführung durch die Schlucht des Trient**. Schon nach dem Bahnhof von Vernayaz geht es auf einer Länge von gut 2 km mit mehr als 200 ‰ Steigung bergwärts, oft in Tunnels und engen Kurven. Nach einem Edelkastanienwald, Zeugnis für das milde Klima der Gegend, halten wir im Terrassendorf **Salvan**. Hier lohnt sich ein kleiner Aufenthalt nicht nur der schön ausgestatteten Mauritiuskirche wegen, ein kurzer Spaziergang zum Weiler Les Granges bietet uns einen überwältigenden Blick über das Rhônetal in die Waadtländer und Walliser Alpen, überragt vom schimmernden Schneegipfel des Grand Combin. Obwohl wir bei der Weiterfahrt

! Tipp: Emosson-Stausee

Foto: Helmut Petrovitsch

So aufregend die Anfahrt hier ist, umso aufregender geht es ab Châtelard weiter zum Emosson-Stausee mit Blick auf den Mont Blanc. Mittels einer Standseilbahn mit einer Steigung von ca. 870 ‰ wird Châtelard-d'Eau erreicht. Danach heißt es neuerdings umsteigen. Auf uns wartet schon eine Art Grubenbahn, die uns mit offenen Aussichtswagen durch Tunnels und freie Landschaft mit Ausblick auf die herrliche Gletscherwelt nach 1.650 m Fahrt zur 180 m hohen Staumauer des Emossonspeichers bringt. Danach befördert uns der Minifunic in nur zwei Minuten 143 m höher, wo bei der Bergstation La Gueulaz auch der Blick auf die 554 m breite Staumauer möglich wird.

Information:
www.chatelard.ch

Die neuen Panoramazüge der MC und SNCF erlauben ungebrochenen Durchlauf Martigny – St. Gervais (BDeh 4/8 2 bei Le Buet). *Foto: Helmut Petrovitsch*

auf das Zahnrad verzichten können, bleibt die Strecke spektakulär, besonders bei **Le Trétien**, wo wir aus einem Tunnel kommend eine 40 m hohe Brücke befahren und gleich wieder im Dunkeln verschwinden. Immer wieder blicken wir links in die schwindelnde Tiefe der waldigen Trientschlucht hinunter, bis wir Finhaut erreichen. Der Blick auf den Trientgletscher und die scharfgezackten Granitvorberge des Mont Blanc entschädigen uns für ein durch Hotelbauten beeinträchtigtes Ortsbild. Immer noch der steilen Talflanke entlang und durch zahllose große und kleine Tunnels findet die Bahn den Weg nach **Châtelard-Giétroz**.

Von hier aus führen gleich drei verschiedene, sehr interessante Bergbahnen zu der Staumauer des **Lac de Barberine** hinauf, inmitten einer wundervollen Berglandschaft. Weiter geht die Reise über die Grenze nach Vallorcine, und wir fahren durch ein liebliches Wiesental der Arve entlang, am bekannten Sommer- und Winterferienort Argentière vorbei und immer wieder durch lockere Lärchenwälder, bis wir Chamonix erreichen, das schon beinahe eine Ferienstadt ist und mit seinen vielen Hotels und Appartement-Häusern sowie dem starken Verkehr, der durch den Mont-Blanc-Tunnel von Italien hierher strömt.

Im Jura allgegenwärtig: Ein ICN bei der Fahrt durch die Weinberge. Foto: Armin Schmutz

Tourenvorschlag 12

Die Bahnen im Jura

Unsere Reise durch das Juragebiet beginnt in der UNO-Stadt **Genf**, am westlichen Zipfel der Schweiz. Die ersten 50 km verlaufen entlang des Nordufers des **Lac Léman**, wobei der Blick dorthin immer wieder durch die dichte Bebauung unterbrochen wird. Als ersten Ort im Kanton Vaud durcheilen wir das kleine, verträumte Coppet. Danach wird die Sicht zum **Genfer See** mit seiner prächtigen Bergkulisse im Hintergrund besser. Mit einer Wasserfläche von 581 km^2, wovon der schweizerische Anteil 370 km^2 beträgt, ist der Genfer See der größte unter den rund 600 Seen in der Schweiz. Wir durcheilen in weiterer Folge neben der sanften Uferlandschaft des Genfer Sees auch die Weinbaugebiete entlang der hügeligen Landschaft. Sehr bald erreichen wir **Nyon**. In dieser Stadt sind noch gut erkennbare Spuren des römischen Noviodunum vorhanden. Die handwerklichen Spezialitäten von Nyon sind Porzellan und Steingut, die zusammen mit römischen Funden im Museum besichtigt werden können. Im Schloss ist eine reichhaltige Porzellansammlung zu besichtigen. Nyon ist auch Ausgangspunkt einer netten **Stichbahn in das rund 1.200 m Seehöhe gelegene La Cure** im westlichsten Jura-Gebiet und die dabei den Pass Col de Givrine, damals eine Römerstraße, überwindet. Bald danach taucht **Rolle** mit seinen alten, schönen Bürger- und Winzerhäusern und einem mächtigen Schloss aus dem 13. Jahrhunderts auf. Rolle gilt übrigens als das Zentrum des Weinhandels der „Côte“. Wir fahren immer weiter nordöstlich und erreichen bald **St. Prex**, einen Marktflecken mit Schloss, sehenswertem Herrensitz und einer uralten Kirche.

Am sanften Hang entlang des Genfer Sees geht es nun weiter nach Morges. Die am See gelegene Ortschaft **Morges**, die eine bedeutende Pfahlbausiedlung war, ist heute noch sehr eng mit dem See verbunden. Bester Beweis dafür sind die vielen Fischer sowie auch die berühmte Segel-

Nyon-St. Cergue-La Cure-Bahn auf dem Hochplateau des Jura. *Foto: H. Petrovitsch*

schule. Empfehlenswert ist auch ein Besuch der alten Grande-Rue oder des **Militärmuseums. In Morges zweigt die nächste Privatbahn (BAM) ab.** Auf schmaler Spur führt diese nach Bière bzw. nach L'Isle. Bière zeichnet sich durch ein ausgedehntes Wandergebiet aus, während L'Isle von dem in einem schönen Park gelegenen eleganten Schloss aus der Zeit des französischen Sonnenkönigs, einem harmonischen Bauwerk von hufeisenförmigem Grundriss, mit Mansardendach und schmiedeeisernen Gittern geprägt ist. Nach Morges dauert es nicht mehr lange bis **Lausanne** erreicht ist. Lausanne ist dabei nur mit Zügen im Laufweg Genf - Bern - Zürich erreichbar. Da die Jura-Züge jedoch Lausanne streifen, zweigen wir kurz davor – bei Renens VD, auffallend durch die vielen Industrieanlagen – in Richtung Norden ab. Das Tal mit der Venoge führt uns auf die Spuren eines alten Verkehrsweges nordwärts an Cossonay vorbei, einem hoch über dem Taleinschnitt liegenden Städtchen. Wenig später geht die Jurafußlinie geradeaus und zweigt von der „TGV-Linie“ nach Vallorbe und Frasne in westlicher Richtung ab. Diese Bahnlinie führt übrigens durch einen landschaftlich reizvollen Landschaftsstrich, wobei der Abschnitt zwischen La Sarraz und Pompaples eine **Wasserscheide zwischen Mittelmeer und Nordsee** ist, fließt doch die Venoge Richtung Genfer See, während sich die Nozon zur Orbe und damit zum Neuenburger See, zur Aare und zum Rhein wendet.

Wir dagegen fahren nordwärts in die Mitte der Welt („Le Milieu du monde“, wie die Einheimischen sagen), diese ist die Wasserscheide zwischen Rhein und Rhône. Wir erreichen danach den Tunnel des Mormont, und wir passieren eine topfebene Landschaft, vorbei an den Etangs-de-Bavois mit interessantem Pflanzen- und Insektenleben. Es dauert nicht lange und machen einen kurzen Halt in **Yverdon**, berühmt durch das Wirken des bekannten Pädagogen Heinrich Pestalozzi. Yverdon ist auch ein Knotenpunkt am südlichen Ende des

Neuenburger Sees, von wo aus Strecken nach Fribourg bzw. nach Ste. Croix, das mittels einer Schmalspurbahn erreicht wird, weiterführen.
Nach dem Verlassen von Yverdon wird sehr bald der See sichtbar und wir passieren dann das Schloss Grandson, welches an die Schlacht der Eidgenossen gegen Karl den Kühnen erinnert. Die Bahn verläuft entlang des Seeufers und bei Bevaix und Boudry tun sich links und rechts auf den Berghängen größere Weinbaugebiete auf, wobei der Blick auf den See immer noch möglich ist. In wenigen Minuten ist das höher gelegene **Neuchâtel** erreicht. Neuchâtel ist die Stadt der Kunst, der Wissenschaft und des Handels, deren einstige Zugehörigkeit zu Preußen so gut wie keine Spuren hinterlassen hat. Neuchâtel hat nicht nur einen netten Stadtkern, sondern ist ebenfalls ein wichtiger **Knotenpunkt** im Jura-Gebiet. Von hier aus gibt es die Möglichkeit entweder in einem Zug nach Bern umzusteigen oder auch in die Seitenlinien des Juras zu fahren. Die erste Strecke führt nach **Pontarlier**, übrigens eine TGV-Linie. Die zweite führt nach **La-Chaux-de-Fonds** und weiter nach Le Locle bzw. in der Gegenrichtung nach **Delémont**.
Wir fahren jedoch weiter nach **Biel** und befinden uns im Gebiet zwischen dem Neuenburger und dem Bieler See. Sehr bald rattern wir durch den Bahnhof von La Neuveville, das – am Seeende des Bieler Sees gelegen – seinen mittelalterlichen Charakter noch weitgehend bewahrt hat. Vorbei geht es an sehr reizvollen Weinorten wie Ligerz, Twann und Tüscherz und die Strecke wird dabei von Weinbergen gesäumt. Sobald wir in den Tunnel einfahren, müssen wir uns von dieser lieblichen Landschaft und vom Bieler See verabschieden und erreichen die zweisprachige Industriestadt **Biel,** welche sich zwischen dem Bieler See und der vordersten Jurakette ausbreitet. Bekannt ist der Ort mehr seiner Uhrenindustrie als des reizvollen, historischen Stadtkerns wegen. Breite Straßen, gesäumt von großen Geschäftshäusern, unzählige ausgezeichnete Schulen, reger Handel und Industrie prägen das Stadtbild. Zwei Seilbahnen führen hinauf auf die Jurahöhen mit einer prächtigen Aussicht auf die umliegende Bergwelt. Biel ist der nächste Eisenbahnknotenpunkt auf unserer Reise nach Basel, von wo aus wir nach Bern bzw. in die Anhöhen des Jura reisen können. Um nach **Basel** zu gelangen, benützen wir die Strecke nach Solothurn bzw. Olten und durcheilen den Bieler Vorort Met mit seinem Drahtwerk.
Weiter geht es dann nach Grenchen Nord, wo wir dann über einen großen **Viadukt** die Strecke nach Olten überqueren und treffen dann nach dem 8.576 m langen, 1914 erbauten **Grenchenbergtunnel** in Moutier ein, einem Industriezentrum, das von der Uhrenfabrikation lebt.

i Info: Delémont

Delémont ist die größte Stadt des Juras und zugleich Hauptstadt des Kantons Jura. Delémont ist nicht nur Bahnknotenpunkt und Industriestadt; seine sehenswerten Gebäude datieren aus der Zeit der Basler Fürstbischöfe, und es ist dem Ort gelungen, seinen historischen Charakter zu bewahren. Das Rathaus, das Schloss, das Wolfstor (Porte aux Loups) und auch das Pruntruter Tor sind eine Besichtigung wert.

Zwischen dem Städtchen Orbe am Jurafuß und der SBB-Station Chavornay pendelt ganztägig der Be 2/2 14 der OC. *Foto: Helmut Petrovitsch*

Unsere Reise führt uns dann in die **wilde Münsterschlucht nach Delémont** mit dem einzigen **Rundlokschuppen** in der Schweiz. Delémont ist mehrheitlich ein katholischer Ort, der vermutlich im 7. Jahrhundert gegründet wurde und im Herzen des Juragebietes situiert ist. Die Industriestadt mit schönen Wahrzeichen aus der Zeit der Fürstbischöfe ist am Zusammenfluss von Sorne und Birs gelegen und Ausgangspunkt für Fahrten nach La-Chaux-de-Fonds und Delle im Nordwesten der Schweiz.

In **Delémont** wird zunächst einmal Kopf gemacht und wir verlassen das Sornetal. Danach biegen wir in das Birstal ein. Rechts von uns eröffnet sich das Tal zum Passwang hin. Laufen ist der nächste Halt, dort fließen Birs und Lützel zusammen. Auf der von der Birs umspülten Insel steht das Schloss Zwingen, und immer weiter nordwestwärts sehen wir linkerhand bei Grellingen die Ruinen der Burg Bärsenfels und das Schloss Pfeffingen. Wir unterfahren wenig später das Schloss Angenstein in einem Tunnel und verlassen somit das Birstal. Bei **Aesch** gedeihen Kirschbaumkulturen, die im Frühling einen märchenhaften Anblick bieten. In Dornach sehen wir rechts das von Rudolf Steiner gegründete Goetheanum. Zwischen Dornach und Münchenstein stehen rechterhand die stolzen Burgen Dorneck, Birseck, wo sich heute eine Industriezone befindet, und Richenstein. Rechts von uns liegt das Schlachtfeld von St. Jakob an der Birs (1444) und schon bald stoßen wir auf ein Gewirr von Gleisen, **Basel** ist erreicht. Basel liegt am Dreiländereck des Rheins. Die Geschichte der Stadt Basel reicht weit zurück bis in die keltische Zeit. Der römische Name Basilea taucht erstmals im Jahre 374 nach Christus auf. Hier entstand 1460 die älteste Universität der Schweiz.

Die Grenzstadt mit ihren Museen, einem Zoo, dem Münster und dem Rathaus, den Häfen am Rheinknie hat dem Besucher viel zu bieten.

Ein Wendezug mit der 1143.618 überquert die Angertalschluchtbrücke (Tauernbahn).
Foto: Markus Inderst

Österreich

Die Semmeringbahn ist der Beginn der „Alpenbahnen“. *Die Ingenieure des Habsburgerreichs – allen voran Carl von Ghega – setzten mit dieser kühnen Bahn Zeichen. Zu Beginn von Planung und Bau war für viele Fachleute noch längst nicht erwiesen, dass man auf solch steilen Schienen die Berge bezwingen könnte, ohne auf Hilfsmittel wie Zahnräder zurückgreifen zu müssen. Dieser ersten kühnen und atemberaubend schönen Bahn folgten rasch weitere, zum einen brauchte die Monarchie schnelle Nord-Süd-Verbindungen gerade zum Mittelmeer hin, nach Triest dem Handelshafen, nach Pola, dem Kriegshafen. Vielleicht spürte man schon die zentrifugalen Kräfte, die den Vielvölkerstaat am Ende des Ersten Weltkrieges zerreißen würden, und man hoffte, die eisernen Bänder der Bahn würden dem Verbindendes entgegensetzen. Im Verlauf des 19. Jahrhunderts begann auch der Bahntourismus. Die „Sommerfrische“ auf dem Land und in den Bergen gehörte zum guten Ton. Der Kaiser machte es im Salzkammergut vor – viele folgten diesem Vorbild. So wurden bald auch rein touristische Bahnen gebaut, die Schneebergbahn etwa oder die Bahn auf den Schafberg. Von dieser Entwicklung profitiert der Eisenbahnreisende noch heute.*

i Info: Österreich

Fläche:	83.871 km^2
Einwohner:	8,0 Mio. Einwohner (2001)
Hauptstadt:	Wien
Amtssprache:	Deutsch

www.oesterreich.com
(viele links zu Bahnen)
www.oebb.at
www.oesterreich.at

Tourenvorschlag 1

Arlbergbahn (Feldkirch – Innsbruck)

Die Arlbergbahn entstand aus dem Umstand heraus, dass es zwischen dem westlichsten Bundesland Vorarlberg und dem restlichen Hinterland Österreichs keine praktische Transitverbindung gab. Erst mit der Fertigstellung der **Allgäubahn** im Jahr 1872 wurden Stimmen zum Bau dieser westlichsten Alpentransversale laut. Die Reise über den **Arlberg** eignet sich besonders von der Schweiz kommend, wobei ab Zürich direkte Züge angeboten werden. Weitere Ausgangspunkte sind entweder der Grenzbahnhof Buchs (SG) oder auch Feldkirch. Sehenswert ist vor allem auch der Abschnitt zwischen diesen beiden Orten.

Wir fahren zunächst durch das **Fürstentum Liechtenstein** und werfen noch einen letzten Blick auf die Schweizer Bergwelt. Die Fahrt von Feldkirch nach Bludenz ist eher unspektakulär. Ausgangspunkt der Arlbergbahn ist **Bludenz**, wo gleich nach dem Verlassen des Bahnhofes rechterhand die Montafonerbahn nach Schruns abzweigt. Die danach eingleisig verlaufende Arlbergstrecke windet sich entlang der Sonnenseite des Klostertales bergaufwärts. Um die schöne Landschaft entlang dieser Strecke genießen zu können, empfiehlt sich die Benützung jener EC-Züge im Laufweg Schweiz – Österreich, die einen Schweizer **Panoramawagen** 1. Klasse mitführen. Wir erreichen bereits nach einer kurzen Fahrt den Ort Braz, wo sich die Strecke nach

Trisannabrücke und Schloß Wiesberg werden soeben von einem Orient-Express mit der 1110.530 passiert. *Fotos auf dieser Seite: Markus Inderst*

! Tipp: Montafonerbahn (MBS)

Die Montafonerbahn (MBS) führt von Bludenz in das 13 km entfernte Örtchen Schruns, und sie überwindet bei etwa 25 ‰ einen Höhenunterschied von rund 120 m.
Die Reise ins Montafon beginnt im Bahnhof Bludenz, indem zunächst die Gleise der Arlbergbahn gekreuzt werden, und die Strecke verläuft dann weiter in östliche Richtung. Zwischen Lorüns und St. Anton befindet sich das steilste Streckenstück. Nach dem Taleingang rücken die Gebirgsgruppen Rätikon im Süden und Verwall im Osten näher, und die Bahn verläuft entlang der Ill talaufwärts nach Schruns, dem Endpunkt der Linie, wo die vielen unterschiedlichen Fahrzeuge dieser erfolgreichen Bahn bewundert werden können. Ab hier bestehen Postbusverbindungen zur Bieler Höhe mit ihrem Stausee, von wo aus der Piz Buin zu sehen ist.

Information:
Montafonerbahn
Bahnhofstraße 15 a + b
A-6780 Schruns
Tel.: 05556/72381-0
www.montafonerbahn.at

dem Verlassen des Bahnhofes in einer großen Schleife entlang der Südhänge bewegt. Danach überqueren wir zahlreiche steilverlaufende Schluchten mit Wildbächen, die Tobel genannt werden, und erreichen nach dem Passieren der **Schanatobelbrücke** den **Bahnhof Hintergasse**, der übrigens auf mehreren Viaduktbögen errichtet wurde. Danach entschwindet die Strecke bis Dalaas in zahlreichen Tunnels, die dazwischen von so manchem Tobel überquert wird.
Ein Blick ins Tal lässt erahnen, welche Steigungen die Arlbergstrecke aufweist. Wir erreichen in einem scharfen Bogen nach der Überquerung des **Höllentobel-Viaduktes** den **Bahnhof Dalaas**, wobei die spitz zulaufende Form des Bahnhofsgebäudes eine Konsequenz des Lawinenabgangs von 1954 ist. So soll eine weitere Lawine weniger Schaden verursachen.
Wir befahren danach **das steilste Streckenstück der Arlberg-Westrampe**. Es sind immerhin 31 ‰ zu bewältigen, und die Strecke verläuft bis Wald am Arlberg überwiegend im Freien, was allerdings immer wieder im Winter wegen der akuten Lawinengefahr zu Problemen führte. Um dieser Gefahr vorzubeugen, sind mehrere Bauten entstanden, etwa der **Wildentobeltunnel**, der abgesehen von den zahlreichen Lawinenbauten hoch oben am Berg die Gefahr des weißen Todes bannen soll. Wenig später fahren wir in den im September 2003 eröffneten Blisadonnatunnel hinein – den ersten Neubauabschnitt der Arlberg-Westrampe – und erreichen nach einer Gesamtfahrzeit von ca. 35 Minuten den Bahnhof Langen, wo unser Zug letztmals in Vorarlberg hält. Langen ist Ausgangspunkt zum 1.822 m hoch gelegenen Arlbergpass, und man gelangt von hier aus mit dem Postbus zu den bekannten Wintersportorten Lech und Zürs. Gleich nach Abfahrt des Zuges gelangen wir in den 10.670 m langen, zweigleisig ausgeführten **Arlbergtunnel**, in dem sich auch die Landesgrenze von Tirol und Vorarlberg befindet, und erreichen nach gut zehn Minuten Fahrzeit den bekannten Ort **St. Anton**. St Anton bekam anlässlich der Ski-WM 2001 einen neuen Bahnhof am südlichen Ortsrand, dessen Betonwände bedauerlicherweise

Paradezug Transalpin mit 1044.284 bei Außerbraz Foto: Markus Inderst

keinen Ausblick mehr auf die herrliche Bergwelt zulassen – ein leider viel zu stark Überhand nehmendes Übel in Österreich! Die alten Bahnhofsanlagen wurden wegen der Ski-WM abgetragen. Unsere Bahnreise verläuft nun weiter im Stanzertal, die nach dem Verlassen des Wolfsgrabentunnels nach St. Anton den Talboden bis Flirsch benützt. Teilweise ist diese Strecke auch schon zweigleisig ausgebaut. Wenige Kilometer vor Flirsch lehnt sich die Trasse südlich entlang einer Felswand an. Hinter Flirsch befahren wir bis zum nächsten Bahnhof Strengen das mit 26 ‰ steilste Streckenstück der Ostrampe. Danach schmiegt sich die Trasse weiterhin der südlichen Talseite an. Nachdem wir zahlreiche Tunnels und Viadukte passierten, überqueren wir mit der 210 m langen und 88 m hohen **Trisannabrücke** das gleich dahinter

Imposant seit jeher – die Trisannbrücke mit Güterzug. *Foto: Markus Inderst*

befindlichen Schloss Wiesberg und das Paznauntal. Die Strecke verläuft stetig abwärts, wir passieren Pians und streben dem Bezirkshauptort Landeck mit der davor befindlichen Innbrücke zu.
Die Bergstrecke endet in **Landeck**, und wir benützen fortan die zuerst fertiggestellte Talstrecke bis nach Innsbruck. Die Talstrecke verläuft bis Ötztal eigentlich unspektakulär, zwischen Landeck und Schönwies wurde die Strecke stellenweise zweigleisig ausgebaut. Ab Imsterberg bis Roppen fahren wir ziemlich nahe am Innufer entlang. Sowohl der Inn als auch die Arlbergbahn verlaufen auf wenigen Kilometern in einer Schlucht, ehe dann nach der Überquerung der Ötztaler Ache

! Tipp: Internationale Rhein-Regulierung (IRR)

Seit mehr als 100 Jahren hat die Internationale Rhein-Regulierung die Aufgabe, den Alpenrhein zwischen Feldkirch und der Mündung in den Bodensee flussbautechnisch zu regulieren, um auf diese Weise größere Überschwemmungen zu verhindern.
Um die Transporte zu erleichtern, wurde eine Dienstbahn mit einer Spurweite von 750 mm geschaffen, die zur Zeit rund 33 km Strecken zwischen dem Steinbruch „Kadel" und den beiden Mündungsdämmen betreibt. Etwa 26 km sind mit Gleichstrom von 750 V elektrifiziert, der Rest wird mit Zweikraftloks bedient. Die E-Loks haben als Besonderheit einen Trolley-Stromabnehmer. 1992 wurde der Verein „Rheinschauen" gegründet, der auf dem Netz der IRR öffentliche Fahrten durchführt und die beiden Dampfloks „Maffei" und „St. Gallen" sowie die Dieselmaschine „Demag 2" betreut. Außerdem führt der Verein das Museum „Rheinschauen", in dem die Arbeit und Bedeutung der Rheinregulierung dargestellt wird.

Information:
Verein „Rheinschauen"
Höchster Straße 4
A-6893 Lustenau
Tel.: 05577/82395-18; www.rheinschauen.at

Ötztal erreicht wird. In knapp 30 Minuten trifft der Zug in **Innsbruck** ein.

Tourenvorschlag 2

Knoten Innsbruck

Innsbruck ist die **Landeshauptstadt von Tirol** und gilt als Ausgangspunkt mehrerer Bahnverbindungen in alle Himmelrichtungen, liegt in einem großen Talkessel auf 574 m Seehöhe und ist nördlich vom Gebirgszug der Nordkette begrenzt. Südöstlich liegt der Patscherkofel und westlich davon die Gletscherregion des Stubaitales mit der **Stubaitalbahn**.

In Richtung Norden verläuft die Strecke der **Karwendelbahn** mit Anschluss zur Außerfernbahn, in Richtung Süden geht es durch das Wipptal zum Brenner, und ostwärts verläuft die Strecke durch das Tiroler Unterland. Zudem beginnt in Innsbruck die **„Überlandstraßenbahn“** ins Stubaital.

Brennerbahn

Die äußerst günstige Lage des Brenner-Überganges war schon den Römern bekannt, die diesen neben dem Reschen-

EC 87 mit 1116.143 bergwärts bei St. Jodok in gleichnamiger Kurve. *Foto: Markus Inderst*

paß als eine ihrer wichtigsten Transportrouten verwendeten. Mit 1.374 m Seehöhe ist der Brenner die niedrigste aller Alpenüberquerungen. Die ersten Pläne zum Bau einer Brennerbahn stammten aus dem Jahre 1835. Es vergingen allerdings noch viele Jahre, bis 1863 die **K.k. priv. Südbahngesellschaft** die Baubewilligung bekam und 1864 mit dem Bau einer zunächst eingleisigen Strecke begann. Die ca. 125 km lange Brennerbahn von Innsbruck nach Bozen über den Brennerpass wurde bereits nach 40 Monaten Bauzeit fertiggestellt und am 24. August 1867 dem allgemeinen Betrieb übergeben. Erbauer dieser bemerkenswerten Bahnlinie ist Ing. Carl von Etzel; bemerkenswert insofern, weil er ohne nennenswerte Kunstbauten – wie sie etwa am Semmering errichtet worden waren – auskam. Die zahlreich errichteten Erdwälle und auch die Trassierung entlang von Berglehnen erübrigten schließlich den Bau von aufwändigen Brücken und Viadukten. Beachtenswert sind auch die beiden **Kehrschleifen von St. Jodok und Gossensaß**, deren Funktionsprinzip erstmals zur Überwindung von großen Höhenunterschieden angewendet wurde. Diese Baukonzeption fand übrigens so große Beachtung, dass ihr auch die bekannte Gotthardbahn in der Schweiz folgte.

Unsere Reise beginnt in Innsbruck, indem wir es in südlicher Richtung verlassen. Wir passieren gleich nach der Ausfahrt des Hauptbahnhofes die Basilika Wilten. Es schließt dann der Berg-Iseltunnel des gleichnamigen Berges mit der zwischenzeitlich neu errichteten Olympia-Sprungschanze und dem Andreas-Hofer-Denkmal (Heldendenkmal des Tiroler Befreiungskrieges von 1809) an. Die Bahn verläuft zunächst entlang der Sill in einem schluchtartigen Verlauf. Die Strecke lehnt sich an die westlichen Flanken des Patscherkofels und der Zillertaler Alpen an, weshalb die Bahn auch in einigen Tunnels verläuft, und dazwischen einen schönen Ausblick in das Stubaital ermöglicht. Nach wenigen Minuten Fahrzeit unterqueren wir die **Europabrücke** der Brennerautobahn, die höchste Pfeilerbrücke der Welt, und

Die 1144.242 bringt den Regionalzug 5230 bei Gries nach Innsbruck zu Tal.
Foto: Markus Inderst

fahren zielstrebig dem ersten größeren Ort des Wipptales, **Matrei am Brenner**, entgegen. Sodann verläuft die Bahnlinie bis zum nächsten Ort Steinach am Talboden, schmiegt sich danach wieder dem östlichen Talhang an und macht einen Schwenk nach St. Jodok. Wir befahren nach der Haltestelle die **„Jodoker Schleife“**, die erste Kehrschleife, die auf einer Länge von 10 km einen Höhenunterschied von 320 m überwindet, wechseln die Talseite und gewinnen immer weiter an Höhe. Es eröffnet sich nun ein wunderbarer Blick in die Bergwelt des Schmirn- und Valstales. Der weitere Streckenverlauf unserer Fahrt erlaubt danach nochmals einen ungehinderten Blick auf die Stubaier Alpen. Ab der Haltestelle **Gries am Brenner** ist die größte Hürde überwunden, und die

! Tipp: Stubaitalbahn

Die Errichtung der Stubaitalbahn geht bereits auf das Ende des 19. Jahrhunderts zurück. Man wollte damit die örtliche Kleineisen-Industrie mit der Landeshauptstadt besser verbinden. Ing. Dr. Karl Riehl zeichnete für die Bauausführung verantwortlich. Die Bahn wurde bereits 1904 elektrifiziert eröffnet und verbindet Innsbruck mit dem südwestlich gelegenen Stubaital bis nach Fulpmes. Es wird dabei ein Höhenunterschied von mehr als 400 m überwunden.

Die Strecke der Stubaitalbahn beginnt am Innsbrucker Hauptbahnhof, dort durchfahren die Straßenbahnfahrzeuge die Stadt bis zum Stubaitalbahnhof bei der Basilika Wilten. Nach einigen engen Kehrtunnels wird das Plateau von Natters und Mutters erreicht; gleichzeitig sind die Nordkette, das Inn- und Wipptal zu sehen. Es werden bei Raitis und Kreith Brücken überquert, und in Telfes wird der Scheitelpunkt erreicht. Die Strecke fällt dann bis zum Endpunkt in Fulpmes ab, wo Anschlussbusse zum Stubaitaler Gletscher warten.

Information: Innsbrucker Verkehrsbetriebe
Pastorstraße 6, A-6020 Innsbruck
Tel.: 0512/5307-199, www.ivb.at

Foto: Helmut Petrovitsch

Steigungen halten sich bis zur Staatsgrenze zwischen der Haltestelle **Brennersee** und dem Bahnhof **Brennero/Brenner** in Grenzen. Nach 40 Minuten erreichen wir den Grenzbahnhof und Scheitelpunkt der Brennerlinie mit 1.374 m Seehöhe. Wir befinden uns nun auf italienischem Territorium, in der autonomen Provinz Bolzano/Bozen, das auch unter dem Namen Südtirol bekannt ist. Südtirol fiel nach Beendigung des Ersten Weltkrieges an Italien und damit auch das restliche Streckenstück der Brennerbahn, welches allerdings bis zur Auflösung der Südbahngesellschaft im Jahre 1924 noch

dieser gehörte. Nach einem gut zehnminütigen Aufenthalt – das italienische Stromsystem mit 3 kV Gleichstrom erfordert einen Lokwechsel – neigt sich die Strecke entlang des Eisacktales bergab, und wir befahren in der Höhe der Ortschaft Brennerbad den im November 1999 neueröffneten **Pfleschertunnel**, der knapp 9.000 m lang ist und die zweite Kehrschleife vor Gossensaß umfährt. Kaum in **Sterzing/Vipiteno** angekommen, haben wir schon eine Höhe von 400 m verloren und der weitere Streckenverlauf der Brennersüdrampe führt ab Mauls an den östlichen Ausläufern der Sarntaler Alpen vorüber. Wenig später treffen wir in Fortezza/Franzensfeste ein. Hier teilt sich die Strecke, und sie zweigt

! Tipp: Pustertalbahn

Die Pustertalbahn wurde am 30. November 1871 eröffnet und verband die Brennerbahn mit dem übrigen Stammnetz der Südbahn. Die Linie beginnt in Fortezza/Franzensfeste, verläuft ab Vindoies/Vintl in einer landschaftlich sehr reizvollen Gegend über Bruneck nach San Candido/Innichen. Kurz davor können wir bei Dobbiaco/Toblach die mächtigen Türme der Dolomiten-Gruppe erspähen. Sodann geht es wieder auf österreichischen Boden, und wir sind ab Sillian in Osttirol. Es geht nun bis Lienz stets bergab, und von dort weiter durch das Drautal nach Spittal-Millstättersee (siehe Tauernbahn, Seite 92).

Touristik 103.220 mit Regionalzug auf der Schlossbachbrücke *Foto: Helmu Petrovitsch*

hinter dem Bahnhof in das **Pustertal** (siehe Tipp) ein.
Ab hier schlängelt sich die Trasse entlang des Eisacktales immer weiter südwärts. Wir passieren zuerst den Ort **Brixen**, der durch sein Fürstengeschlecht zu Ruhm und Ehren kam und Sitz des Bistums ist. Die Strecke fällt weiterhin bergab, und nach einer gesamten Fahrzeit von zwei Stunden erreichen wir das sonnige **Bolzano/Bozen**, das nur mehr auf 269 m Seehöhe liegt. Bozen ist der Hauptort der autonomen Provinz Südtirol und liegt in einem fruchtbaren Talkessel. Nördlich von Bozen verläuft die **Rittnerbahn** nach Oberbozen (siehe Tipp: Seite 181), ein weiteres lohnendes Ausflugsziel für Bahnfreunde. Zudem ist eine Weiterfahrt nach Meran und von dort auf der **Vinschgaubahn** nach Mals möglich (siehe Kapitel Italien ab Seite 180).

Mittenwaldbahn

Die 57 km lange Mittenwaldbahn, die auch **Karwendelbahn** genannt wird, zählt zu den schönsten eingleisigen Alpenbahnen. Sie verbindet zwei Olympiaorte, und zwar **Innsbruck** und **Garmisch-Partenkirchen**. Die ersten Pläne zum Bau der Strecke gab es bereits 1843, jedoch erst 61 Jahre später wurde per Staatsvertrag der Bau der Strecke beschlossen, und nach 16-monatiger Bauzeit am 28. Oktober 1912, bereits mit 15 kV/16,7 Hz elektrifi-

ziert, dem Betrieb übergeben. Entlang dieser Strecke befinden sich nicht weniger als 16 Tunnels mit 16,5 km Länge und 14 imposante Viadukte sowie zahlreiche Lawinengalerien, die nach den Plänen des Erbauers, Ing. Riehl, dem „Eisenbahnvater" Tirols, entstanden sind.
Unsere Reise beginnt (wieder einmal) in Innsbruck. Von hier aus wird die Strecke fast stündlich befahren, und es empfiehlt sich in Fahrtrichtung links zu sitzen.
Wir benützen zunächst auf drei Kilometern die Arlberglinie, ehe wir rechts abzweigen und den Inn überqueren. Dabei wird ein erster Blick auf die mächtige Martinswand möglich.
Ab **Hötting** steigt die Strecke kontinuierlich an, sodass sich uns ein herrlicher Blick ins Inntal eröffnet. Es dauert nicht lange, und nachdem wir mehrere kleinere Tunnels passiert haben, fahren wir in den 1.810 m langen **Martinswandtunnel** ein. Er verfügt über eine „Aussichtsgalerie" mit mehr als 25 Logen. Hinter Hochzirl beginnt ein ganz reizvoller Streckenabschnitt. Wir fahren in die beiden **Vorbergtunnels** ein und überqueren den **Vorbergviadukt**. Gleichzeitig ist auf der gegenüberliegenden Talseite das **Kaiserstandviadukt** sowie das **Lehnenviadukt** und weiter rechts auch die 66 m lange, 70 m hohe Stahlkonstruktion der **Schlossbachbrücke** zu sehen, welche wir in wenigen Minuten befahren werden.

! Tipp: Achenseebahn

Die Achenseebahn ist heute die älteste betriebsfähige Zahnradbahn Österreichs. Der Achenseebahnhof liegt am östlichen Bahnhofsende des einzigen ÖBB-Bahnhofes mit drei verschiedenen Spurweiten. Es schließen hier die beiden Bahnsteiggleise und die Remise an. Dahinter beginnt die Zahnstangenstrecke nach Bauart Riggenbach. Nach der Abfahrt rattert der Zug an Jenbach vorbei. Über die Station Burgeck wird Eben, Endstelle des Zahnstangenbetriebes, erreicht, nachdem ein Höhenunterschied von 440 m überwunden wurde. Diese Fahrt bietet einen besonderen

Fotos: H. Petrovitsch

Genuss, einerseits sind die harten Auspuffschläge der kleinen Lok zu hören und andererseits kann ein Ausblick auf das zurückliegende Ziller- und Inntal sowie die umliegende Bergwelt genossen werden. Ab Eben führt die Strecke im leichten Gefälle zur Endstation am Achensee, wo sich die Landebrücke der Achenseeschifffahrt befindet.

Information:
Achenseebahn
A-6200 Jenbach
Tel.: 0 52 44/6 22 43, www.achenseebahn.at

Brenner-Südrampe: IR nach Bologna passiert Ried bei Sterzing. *Foto: Helmut Petrovitsch*

Danach gelangen wir auf die anderen Talseite und erhalten einen Blick auf die soeben befahrene Strecke, ehe wir auf die beiden Viadukte fahren. Wir kommen nun zum Seefelder Plateau und passieren noch die Ortschaft **Reith** mit dem davor befindlichen **Gurgelbachviadukt**. Seefeld bildet mit 1180 m Höhe den Scheitelpunkt der Mittenwaldbahn. Die Strecke fällt ab hier bergab. Bereits nach wenigen Minuten sehen wir auf der rechten Seite das 1998/99 errichtete Spielschloss „Playcastle" mit dem urigen Haltestellenhäuschen, das einer kleinen Burg gleicht! Dann geht es weiter zur Grenzstation Scharnitz, wo wir zuvor das Karwendelgebirge erblicken. Unsere Fahrt führt dann über Mittenwald und Klais nach Garmisch-Partenkirchen, Austragungsort des alljährlichen Neujahrspringens (siehe auch Kapitel Deutschland, Mittenwaldbahn, Seite 144). In Garmisch besteht Anschluss zur Außerfernbahn (siehe Kapitel Außerfernbahn, Seite 143). ■

ET 4020.014 verlässt Seefeld in Tirol
Foto: Markus Inderst

! Tipp: Zillertalbahn

Foto: Helmut Petrovitsch

Die Zillertalbahn erschließt ein vom Inntal nach Süden verlaufendes Seitental, dass bei Straß seinen Anfang nimmt. Es wird im Norden vom Rofangebirge abgegrenzt und entlang des Tales türmen sich die fast 2.000 m hohen Gipfel auf, derren Hänge heute noch bewirtschaftet werden. Die ersten Pläne zum Bau gab es im letzten Dezennium des 19. Jahrhunderts. Die Zillertalbahn unterscheidet sich heute von allen anderen Schmalspurbahnen insofern, dass sie in dicht besiedeltem Gebiet verläuft, das überwiegend vom starken Sommer- und Winterverkehr geprägt ist. Größere Industriebetriebe sind zwar lokal vorhanden, spielen jedoch keine besondere Rolle. Dieser wichtige Unterschied ist aber Ausschlag gebend für den wirtschaftlichen Erfolg.
Die positive Entwicklung in der Beförderung von Personen wird noch zusätzlich durch den starken Güterverkehr im Rollschemelbetrieb, überwiegend Holz aus Fügen, unterstrichen, weshalb das Zulegen eines dritten Gleises bis Fügen angedacht war.
Die Reise ins Zillertal beginnt in Jenbach, wo südlich vom ÖBB-Bahnhof das Betriebsareal mit Werkstätten, Abstellhallen usw. der Zillertalbahn angeordnet ist. Meistens steht schon ein Triebwagen bereit, und die Züge verkehren im Stundentakt nach Mayrhofen. Wir verlassen Jenbach, überqueren bei Rotholz den Inn und fahren weiter nach Straß. Hier wendet sich die Trasse nach Süden, und wir gelangen weiter nach Fügen-Hart, wo ein Sägewerk der Bahn viel Fracht beschert. Die Strecke verläuft weiter südwärts, entlang der vielen ausgebildeten Schwemmkegel, und nähert sich bei Uderns kurz dem linken Ufer des Zillers. Nach Kaltenbach fahren wir eine längere Strecke entlang des Zillers, lassen Aschau hinter uns und überqueren zwischen Erlach und Zell am Ziller den gleichnamigen Fluss, wo flussaufwärts der Zemmbaches in die Gerlos mündet. Unser Zug fährt nun entlang des Zemmbach nach Hippach und Bühel, früher Ausgangspunkt einer Anschlussbahn zum Magnesitwerk, und strebt auf den letzten Kilometern dem Hauptort Mayrhofen zu. Das Zillertaler Gletschergebiet mit den felsigen und eisbehangenen Dreitausendern schließt südlich von Mayrhofen an und ist vom Ort aus zu sehen. Dorthin gelangt man mit Bussen.

Information:
Zillertaler Verkehrsbetriebe AG
A-6200 Jenbach
Tel.: 05244/606-0
www.zillertalbahn.at

Foto: Markus Inderst

Wendezug mit 1116.230 bei Bruckhäusl
Foto: Markus Inderst

Tourenvorschlag 3

Giselabahn

Zur Weiterfahrt von Westösterreich nach Salzburg bietet sich die Giselabahn als Alternative zum Korridorverkehr via Rosenheim an. Die Strecke wird alle zwei Stunden mit Zügen des Fernverkehrs erschlossen, wobei **Wörgl** als Ausgangspunkt gilt. Wir verlassen Wörgl vom Inntalkorridor in südlicher Richtung und folgen der Brixentaler Ache. Schon nach wenigen Kilometern verengt sich das Tal, und wir erreichen Hopfgarten. Danach fahren wir in das Tal der Windauer Ache, wo wir mächtig an Steigung gewinnen. Wir überqueren dann wenig später in einem 180°-Linksbogen die Ache und kommen nach dem **Au-Tunnel** in das Brixental. In einer gemächlichen Bogenfahrt geht es zunächst nach Windau und Westendorf, danach weitet sich das Tal und bei Brixen im Thale ist nördlich von uns die Hohe Salve zu sehen. Es geht nun in flotter Fahrt nach **Kirchberg**. Schon von der Weite sind rechts von uns das Kitzbühler Horn und der Hahnenkamm zu erkennen. Unsere Reise führt uns dann weiter über den bekannten **Schwarzsee** bei **Kitzbühel**, von wo wir schon auf der linken Seite die majestischen Felswände des Wilden Kaisers bestaunen können, und der Haltestelle Hahnenkamm, wo das weltbekannten Hahnenkammrennen stattfindet. Kurz darauf befahren wir die nächste 180°-Linkskurve und erreichen den Wintersportort Kitzbühel mit seiner herrlichen Bergwelt. Wir setzen unsere Fahrt nach **St. Johann** in Tirol fort und lassen uns dabei vom Gebirge des Wilden Kaisers nachhaltig beeindrucken.

In St. Johann macht die Strecke einen Schwenk nach Osten, und wir fahren dem Berg Grießen entgegen. Die Strecke verläuft im weitläufigen Tal und steigt allmählich erneut an, dabei passieren wir die bekannten Orte Fieberbrunn und Hochfilzen, wo sich nördlich des Bahnhofes ein großes Magnesit-Werk befindet. Holzfilzen ist immer wieder auch Austragungsort von Biathlon-Wettbewerben. Unsere Reise geht nun weiter, wir passieren den Scheitelpunkt sowie auch die Landesgrenze von Tirol nach Salzburg. Jetzt tut sich uns ein erster Blick in

Giselabahn: Güterzug bei Schwarzsee mit 1012 und 1044, im Hintergrund das Kitzbühler Horn *Foto: Helmut Petrovitsch*

die Gebirgswelt im **Pinzgau** auf, die uns während der gesamten Talfahrt entlang dieser Ausläufer begleitet. Ab **Berg Grießen** fällt die Strecke wieder bergab, wir rollen an Leogang vorbei, und schlängeln uns entlang der Bergausläufer, bis **Saalfelden** mit den ausgedehnten Bahnhofsanlagen erreicht ist. In Saalfelden befindet sich südwestlich das Gelände der hiesigen Zugförderungsstelle, wo die Vorspann- und Schiebeloks bis nach Wörgl beigegeben oder von dort abgespannt werden. Erstmals können wir dort die volle Pracht der Bergwelt bewundern. Im Norden wird der Talkessel durch die Leoganger Steinberge (2.634 m) und durch das Steinerne Meer abgeschlossen. Die weitere Strecke verläuft in südliche Richtung. Nach gut 10 Minuten Fahrt stoßen wir auf das Ufer des Zeller Sees und erreichen alsbald den **Bahnhof Zell am See**, zugleich Ausgangspunkt der Pinzgaubahn nach Krimml. Wir begleiten nun bis zur Haltestelle Tischlerhäusl die **Pinzgaubahn**, wo sich deren Werkstättenanlagen befinden. Rechterhand können wir noch einen Blick auf das Glocknergebiet mit seinen Dreitausendern werfen, ehe die Giselabahn nach Osten schwenkt. Wir fahren in Bruck-Fusch vorbei und folgen dann dem Lauf der Salzach, welche wir bis Schwarzach-St. Veit neunmal queren. Ab **Taxenbach-Rauris** wird das Tal enger, und wir fahren in einem schmalen Flusstal. Die Trassenführung weist dabei eine österreichische Besonderheit auf: Beide Strecken teilen sich mehrmals und werden auf eigenen Trassen geführt, die wiederum teils offen oder in Tunnels geführt werden. Während unserer Fahrt talwärts können wir uns dabei dem wilden Flusslauf der Salzach widmen. Sobald wir Lend passiert haben, dauert es nicht mehr lange und wir erreichen dann **Schwarzach-St. Veit**, den Endpunkt unserer Reise und zugleich Ausgangspunkt zur **Tauernbahn**. Ab Schwarzach-St. Veit besteht die Möglichkeit zur Weiterfahrt nach Salzburg oder auch durch das Ennstal nach Selzthal bzw. weiter nach Graz oder Linz.

Tipp: Pinzgaubahn

Die ersten Pläne zum Bau der heutigen Pinzgauer Lokalbahn gehen bereits an den Beginn des Eisenbahnwesens in Österreich zurück. Schon bald entstand der Gedanke, eine Salzburg-Tiroler Eisenbahn von Salzburg über Bischofshofen, Zell am See, Mittersill, Zell am Ziller nach Rattenberg in Normalspur zu bauen. Beide Täler, Zillertal und Salzachtal, waren breit genug und hätten somit keine nennenswerten Probleme zum Bau der Bahn mit sich gebracht. Nur das dazwischen befindliche Bergmassiv über den Gerlos erzwang eine Umplanung. Die heutige Giselabahn realisierte man schließlich über Kitzbühel nach Wörgl. Ausgangspunkt der Pinzgaubahn ist der Bahnhof Zell am See, wo südlich des Gebäudes zwei Lokalbahngleise enden. Die Strecke verläuft auf den ersten Kilometern südwärts und benützt bis Tischlerhäusl – Zugleitbahnhof und Zugförderungsstelle – gleichzeitig das Normalspurgleis. Danach schwenkt die Trasse nach Westen und führt mit geringer Steigung zunächst über Piesendorf nach Walchen im Pinzgau, wo dahinter erstmals das Ufer der Salzach erreicht wird. Die Trasse verläuft dann weiter in Talmitte entlang des Flusses und schlängelt sich bergwärts. Es werden dabei die Orte Niedernsill, Lengdorf und Uttendorf-Stubachtal passiert. Wir haben bis dahin die vielen Staukraftwerke und auch den Großglockner hinter uns gelassen. Unser Zug entfernt sich nun vom Flussufer und fährt am nördlichen Talboden bis nach Mittersill, dem Hauptort des Salzachtales und Standort einer Denkmallok beim Bahnhof. Wir stoßen wieder auf die Salzach, die uns bis Mühlbach in Pinzgau begleitet. Dort verlässt die Bahn das Ufer erneut und strebt in vielen Windungen westwärts: Wir passieren dabei die Bahnhöfe Wenns und Bramberg, wo wir wieder ans Ufer des Flusses stoßen. Es geht nun entlang zahlreicher Haltestellen (Das Bild entstand nahe der Haltestelle Rosental – Foto: D. Zehentner) zum Bahnhof Neukirchen am Großvenediger. Der vorletzte Bahnhof ist Wald im Pinzgau; hinterher schließt das steilste Streckenstück mit 24 ‰ an. Wir erreichen nach einem scharfen Linksbogen den Endpunkt Krimml. Der Bahnhof Krimml befindet sich ziemlich weit vom Ort entfernt. Obwohl es seit längerem schon Bestrebungen gibt, die Bahn bis zu den Krimmler Wasserfällen fortzuführen, ist die Zukunft des Streckenabschnittes zwischen Mittersill und Krimml derzeit sehr ungewiss. Ursache für diese Entwicklung ist das Hochwasser im Juli 2005 und damit einhergehend ein erhöhter Aufwand für den sicheren Weiterbetrieb.

Information: www.pinzgaubahn.at

Tourenvorschlag 4

Tauern

Die Tauernbahn ist eine der wichtigsten Transitstrecken durch Österreich und verbindet auf kürzestem Weg die Bundesländer Salzburg und Kärnten. Sie war ein Teil des „Transalpina"-Projektes und war als eine zweite Verbindung nach Triest, dem Handelshafen der Monarchie, gedacht.
Wir beginnen unsere Reise in der Mozartstadt **Salzburg** mit seinen zahlreichen kulturellen Sehenswürdigkeiten. Wir benützen zunächst einen Teil der Giselabahn, die von hier aus nach Wörgl über Zell am See führt. Nach dem Verlassen des Bahnhofes macht unser Zug einen scharfen Rechtsbogen und fährt südwärts durch zahlreiche Vororte der Stadt. Wir können bei Elsbethen noch einen letzten Blick auf die Stadtberge von Salzburg werfen, ehe wir linkerhand das heute zum Kloster umgewidmete Schloss Goldenstein passieren. Leicht ansteigend folgt die Bahnstrecke dem Lauf der Salzach weiter in südlicher Richtung. Rechterhand tut sich uns der sagenum-

wobene Untersberg auf, während sich östlich von uns die mittelgebirgsähnliche Landschaft des Tennengebirges erstreckt. Wir passieren etwas später den früheren Salinenort **Hallein**, der wegen seiner historischen Funde am Dürrnberg in die Geschichte einging und danach Golling-Abtenau. Wir fahren dann die Salzach entlang. Die Trasse und auch die Salzach zwängen sich nach dem **Ofenauer Tunnel** in das enge Tal zwischen dem Hagener- und Tennengebirge und verläuft derart bis nach Werfen, wo sich hoch oben das Schloss Hochwerfen über uns erhebt.

Unser nächster Halt ist **Bischofshofen**, wo bei der Einfahrt in den Bahnhof vom Fritzbachtal die **Ennstalbahn** herabsteigt. Danach führt die Strecke im S-förmigen Verlauf bis nach Schwarzach-St. Veit. Die Tauernstrecke zweigt südlich der Giselabahn ab und steigt fast parallel bis hinter den Bahnhof **Loifarn** an. Wir fahren danach in den unteren **Klammtunnel** ein, überqueren dort die Gasteiner Ache und fahren danach in den oberen Klammtunnel. Es schließt eine längere Talstrecke bis nach Dorfgastein an. Ab hier beginnt die Strecke wieder zu steigen, erreicht wird schließlich Bad Hofgastein. Wir befahren sodann eines der schönsten Streckenstücke der Tauernbahn bis nach Bad Gastein. Hier mussten **zahlreiche Kunstbauten** wie Viadukte – darunter auch die Überquerung der Schlossalmbahn oder die markante Angertalschluchtbrücke (138 m lang) – errichtet werden, und der stetige Anstieg der Strecke erlaubt einen wunderbaren Ausblick auf das Tauernmassiv. **Bad Gastein** ist wegen seiner Radon-Quelle und den Thermalbäder ein bekannter Kurort und einer der gegensätzlichsten Orte im Gasteiner Tal, der von seiner einstigen Pracht noch nichts verloren hat. Wir verlassen nun Bad Gastein, und über einen nicht allzu großen Anstieg erreichen wir Böckstein. Hier befindet sich das nördliche **Verladeterminal** für die Autoschleuse. Sodann beginnt der 8.551 m lange, zweigleisige **Tauerntunnel**, und nach zehnminütiger Fahrt treffen wir in Mallnitz-Obervellach ein, wo sich das südliche Autoverladeterminal befindet. Hinter Mallnitz lag bis Mitte November

Tauernbahn: IC 597 mit 1044.021 bei Kaponig. *Foto: Markus Inderst*

EC 10 überquert mit 1044.265 den Kaponiggrabenviadukt. *Foto: Mag. Markus Inderst*

1999 das letzte schöne Streckenstück der Südrampe, das noch einen herrlichen Blick auf die Gletscherregion der Tauern und des Mölltales zuließ. Doch seither wendet sich unser Zug in einem Linksbogen dem neu errichteten, über 5.000 m langen **Kaponigtunnel** zu, kreuzt danach die alte Tauernbahn bei Kaponig mit den herrlichen Viadukten, überquert den Kaponiggraben und verschwindet abermals im Tunnel. Gerade die alte Tauernbahn war bekannt für ihre kühne Trassenführung in die Gräben hinein, führte über sie doch entweder durch zahlreiche Tunnels oder auf Brücken. Doch die ÖBB erwog infolge der steigenden Zugfrequenz ab den sechziger Jahren einen zweigleisigen Ausbau der Bahnstrecke. Es sind in den Jahren 1969 bis 1978 gleich drei Stahlbetonbogenbrücken errichtet worden, die eine Spannweite bis zu 220 m erreichen und zur Zeit der Eröffnung als technische Meisterleistung galten. Weitere wichtige „Meilensteine" sind die Lindischgraben-Brücke (282 m), die Falkensteinbrücke (396 m) mit der darunter liegenden Burg Falkenstein und die Pfaffenberg-Zwenbrücke (377 m). Die Südrampe bietet auch schöne Ausblicke: einerseits erlaubt die Talfahrt einen großartigen Blick in das Mölltal und das immer näher rückende Drautal und andererseits sind noch die letzten Überreste der alten, damals noch eingleisigen Tauernbahn zu sehen, seien es auch nur noch einzelne Brückenpfeiler oder die vielen Tunnels. In Kolbnitz unterquert die **Reißeckbahn** auf den Schoberboden die Tauernbahn. Übrigens ist auch im Zuge der Talfahrt die maximale **Neigung von 27,8 ‰** gut spürbar, die unser Zug mit bis zu 120 km/h befährt. Das letzte Streckenstück verläuft bis zur Einbindung in die alte Südbahnstrecke bei Lendorf eingleisig und umfasst noch die Ortschaften Mühldorf-Möllbrücke und Pusarnitz, wo die Trasse den Talboden erreicht. Danach mündet die Strecke vom Pustertal und Drautal ein (siehe Tipp: Pustertalbahn – Kapitel Brennerbahn, Seite 84), und die Trasse verläuft sodann weiter bis nach **Spittal-Millstättersee**, dem Endpunkt der Tauernlinie. Wir fahren aber nun weiter und benützen die Südbahn bis nach Villach. Die Fahrt bis Villach durch das Drautal dauert noch 30 Minuten und eröffnet ab Rothenturn einen ersten Blick auf die Karawankengruppe, ehe unsere Reise dort endet.

Regionalzug im Rosental: 2043.006 kurz vor Maria Elend. *Foto:. Markus Inderst*

Tourenvorschlag 5

Knoten Villach

Villach ist die heimliche Hauptstadt von Kärnten und nicht nur Anziehungspunkt vieler Faschingsnarren, sondern auch ein Verkehrsknotenpunkt. Nördlich verläuft die Ossiacher-Seestrecke nach St. Veit an der Glan (siehe Kapitel **Kronprinz-Rudolfsbahn (KRB)**, Seite 97), geradeaus führt die Strecke zur Landeshauptstadt **Klagenfurt**, und in Richtung Süden erstreckt sich einerseits die Karawankenbahn und andererseits die **KRB** nach Italien, und ab Arnoldstein ins Gailtal nach Kötschach-Mauthen.

Karawankenbahn

Die Karawankenbahn war ebenfalls ein Teil der „Neuen Alpenverbindungen" als Teil einer zweiten Eisenbahnverbindung von Prag nach Triest. Sie beginnt eigentlich in **Villach Westbahnhof** und endet in **Jesenice**, das bereits auf slowenischem Gebiet liegt. Dort findet die Karawanken-Alpentransversale ihre Fortsetzung als **Wocheinerbahn** bis zur Hafenstadt Triest, bei der wiederum zahlreiche Kunstbauten, insbesonders große Steinviadukte, notwendig waren (siehe Kapitel Slowenien, Seite 186).

Die nur 37 km lange Karawankenbahn ist eine eingleisige Hauptbahn, und sie wurde am 1. Oktober 1906 eröffnet. Sie weist im Unterschied zu allen anderen Strecken keine Kunstbauten auf. Bemerkenswert ist allerdings der 7.975 m lange **Karawankentunnel**, der zweigleisig ausgeführt ist. Unsere Reise beginnt in Villach. Die Strecke verläuft in südliche Richtung. Wir verlassen also den Villacher Hauptbahnhof, überqueren nach einem Linksbogen die Drau und erreichen nach wenigen Minuten den Villacher Westbahnhof, einen wunderschönen Jugendstilbau. Zuvor, am Südufer der Drau, treffen wir auf die Schleifengleise von Tauern- und Ossiacherstrecke. Wir fahren weiter südwärts, machen einen Halt in Villach Warmbad, das nach einem Heilquellenbad benannt wurde, das nur wenige Meter von der Haltestelle entfernt

Nebenbahnidylle: 2016 im Rosental mit Regionalzug. *Foto: Markus Inderst*

ist, und fahren noch einige Kilometer geradeaus. Wir verlassen dann die nach Tarvis verlaufende KRB unterhalb des Villacher Hausberges, dem Dobratsch, und in Höhe der Ausfahrtsgleise des **Villacher Großverschiebebahnhofes** zweigen wir fast rechtwinklig in Richtung Osten ab. Spätestens hier ist ein atemberaubender Blick in das Dreiländereck bei Arnoldstein mit den Karnischen Alpen und den Karawanken möglich.
Wir passieren anschließend mehrere Ortschaften und treffen schließlich in **Faak am See** ein. Der Faaker See ist ein wahres Eldorado für Wasserratten und -nixen. Die Strecke verläuft bis hinter Ledenitzen im freien Gelände, erst dahinter wird ein dichtes Waldstück in einer größeren Steigung bezwungen, an dessen Ende wir nach einem scharfen Rechtsbogen in **Rosenbach** eintreffen. In Rosenbach ist es möglich, in einen Anschlusszug zu steigen, der über die bautechnisch sehr beachtenswerte **Rosentalbahn** mit ihren wunderschönen und weitläufigen Brücken nach **Klagenfurt** führt.
Nach kurzem Aufenthalt befahren wir das letzte Stück der Karawankenbahn mit dem immerhin viertlängsten Eisenbahntunnel Österreichs. Es dauert nur noch wenige Minuten, und wir sehen nach der Ausfahrt aus dem **Grenztunnel** die ersten Stadtteile von Jesenice in Slowenien. Hier würde sich eine Weiterreise mit der Wocheinerbahn anbieten. Auf unserer Rückfahrt steigen wir in Rosenbach in einen Zug nach Klagenfurt ein und befahren die Bahn durch das Rosental.

Die Wörther-See-Strecke

Die Strecke nördlich des Wörther Sees verbindet auf direktem Wege die Eisenbahnerstadt Villach mit der **Landeshauptstadt Klagenfurt** und führt dann von dort nordwärts nach St. Veit an der Glan, um in die Kronprinz-Rudolfsbahn zu münden. Sie wurde von der Südbahn-Gesellschaft als Teil der Strecke von Marburg – Villach – Brixen errichtet. Sämtliche Fernverkehrszüge von Villach zur Bundeshauptstadt Wien verkehren ausschließlich über diese Strecke, so dass unsere Reise in Villach beginnt. Wir befinden uns zunächst im Ortsgebiet von Villach. Wenig später stoßen wir auf die Drau, dessen Flussausläufer wir zweimal queren. Nach gut zehn Minuten erreichen wir **Velden**, das am Westufer des **Wörther Sees** gelegen ist.
Fortan verläuft unsere Strecke entlang des Nordufers, wobei wir im Süden immer wieder die Karawanken erblicken können. Hinter Krumpendorf erreichen wir das Stadtgebiet der Landeshauptstadt, und legen kurz darauf den nächsten Halt ein. In Klagenfurt stoßen wir auf die Strecke vom Rosental. Dort beginnt auch die nach Bleiburg und weiter nach Slowenien bzw. nordwärts über den Obdacher Sattel nach Zeltweg. Wir verlassen den Hauptbahnhof in nördlicher Richtung und befahren nun den neu errichteten zweigleisigen Abschnitt, vorbei am Wallfahrtsort Maria Saal, nach **St. Veit an der Glan**, wo wir nach gut 45 Minuten eintreffen. ■

KRB: IC 597 mit 1044.079 bei der Kirche bei Kappel am Krappfeld *Foto: Markus Inderst*

Tourenvorschlag 6

Kronprinz-Rudolfsbahn

Die Kronprinz-Rudolfsbahn ist eine im 19. Jahrhundert entstandene **Bahnverbindung von der Westbahn** via Selzthal und Villach **zur Adria**. Wir befinden uns auf einem Teil dieser einstigen Privatbahn der Monarchie und verlassen Villach ostwärts in einem Linksbogen. Vor uns liegt eine eingleisige Bahnlinie, die heute nur mehr für den Regional- und den Güterverkehr Verwendung findet. Sehr bald ist St. Ruprecht bei Villach erreicht. Während wir links einen kurzen Blick in das Treffental erhaschen können und den Talkessel von Villach verlassen, biegt die Strecke wieder nach Osten ab und verläuft dann am Nordufer des Ossiacher Sees und passiert die Ortschaften Ossiach-Bodensdorf und Steindorf am Ossiacher See am Ostende. Die Strecke nach Feldkirchen verläuft sehr kurvig, dafür befinden wir uns in einer reizenden Alpenlandschaft: wir erblicken im Süden über 1.000 m hohe Erhebungen, nördlich hingegen die bewaldeten Höhen des Ossiachberges und die Schieferwände der Gerlitzen. **Feldkirchen** ist Bezirkshauptort und geht auf die Römerzeit zurück. Wir verlassen danach das Tal des Tiebelbaches und überqueren die Wasserscheide in das obere Glantal. Wir befahren in westlicher Richtung die Ortschaften St. Martin-Sittlich, Glanegg und Liebenfels und werden von sanften Hügelketten begleitet, passieren dann noch den Westbahnhof von St. Veit an der Glan und treffen in einer Linkskurve in St. Veit an der Glan ein, wo wir auf die zweigleisige Strecke nach Klagenfurt stoßen. Zudem heißt es hier umsteigen in einen der Fernverkehrszüge.

St. Veit an der Glan wird ostwärts in einer großen Schleife verlassen, gleichzeitig steigt die Strecke steil bergan, um bei der Ortschaft Goggerwenig zur gleichnamigen Brücke zu gelangen. Wir fahren nun

Neumarkter Sattel: Den Scheitelpunkt hat wenige Minuten zuvor die 1044.082 mit dem Güterzug 53507 südlich von Neumarkt in der Steiermark überschritten.

Foto: Markus Inderst

! Tipp: Murtalbahn

Bereits 1883 wurden die ersten Vorschläge zur Errichtung einer Bahnlinie im oberen Murtal unterbreitet, die vorsahen, die Strecke entlang der heutigen Tauernautobahn zu bauen. Ebenso verzögerte sich der Bau der Tauernbahn, sodass man dazu überging, eine Normalspurlinie zu planen, die aber aus Geldmangel dann doch als Schmalspurvariante ausgeführt wurde. Als Ausgangspunkt kam nun Unzmarkt in Frage. Die Bahn wurde entlang der Mur bergwärts nach Murau-Stolzalpe, dann weiter über Predlitz und Tamsweg nach Mauterndorf gebaut. Sie erreichte dabei eine Länge von fast 77 km und wurde am 9. Oktober 1894 eröffnet. Die Betriebsergebnisse blieben aber hinter den Erwartungen zurück, weshalb heute nur noch die Strecke bis Tamsweg bedient wird. Die Murtalbahn ist heute eine beliebte Schmalspurbahn, insbesondere für den Ausflugsverkehr. Ein Schmankerl sind die Dampffahrten, die bis weit über die Grenzen bekannt sind.

Information:
Betriebsleitung der Murtalbahn
A-8850 Murau, Tel.: 03532/2231-0
www.stlb.at

ostwärts nach Launsdorf-Hochosterwitz, wo uns zur rechten die aus dem Mittelalter stammende Khevenhüllerburg Hochosterwitz entgegen thront. Es ist dies eine isoliert in der Talmitte stehender 316 m hoher Felskegel, auf dem sich ein prachtvoller Festungsbau befindet. Rechts davon ist der am Talschluss liegende, 1.059 m hohe, mit einer Kirche gekrönte Magdalensberg, überragt von den am fernen Horizont sichtbaren Zacken der Karawankenkette, die einen wirkungsvollen Hintergrund darstellt. Wir befinden uns noch im Launsdorfer Tal und nähern uns einer Talenge. Die Strecke liegt zwischen mehreren Hügelkuppen bis **Pölling**. Danach befinden wir uns im Krappfeld und passieren dabei rechterhand eine kleine, gotische Pfarrkirche. Wenig später erreichen wir den Industrieort **Treibach-Althofen**, früherer Ausgangspunkt für die **Gurkthalbahn**, die heute im Museumsbetrieb geführt wird. Im Osten zeigt sich der terrassenförmig auf dem Thomasberg ansteigende Kurort Althofen mit seiner aus dem 15. Jahrhundert stammenden gotischen Pfarrkirche und einem Kalvarienberg. Es geht nun weiter in einem hügeligen Abschnitt und linkerhand passieren wir die Ortschaft Zwischenwässern, wo sich das aus dem 18. Jahrhundert stammende bischöflichen Schloss Neupöckstein, bekannt auch als Schloss Zwischenwässern, an seiner unverkennbaren Kuppel zu erkennen ist. Wir wechseln danach die Talseite und befinden uns nun im Metnitztal, lassen Hirt links liegen und erreichen als letzten Halt in Kärnten **Friesach**, die älteste Stadt des Landes. Danach schlängelt sich die Strecke am Bergrücken des Neumarkter Sattels zur Landesgrenze bei Wildbad Einöd entgegen, um hinter Neumarkt in der Steiermark auf den Furthner-Teich zu stoßen. Vorbei an **St. Lamprecht**, dem Scheitelpunkt der Strecke, fällt die Trasse wieder in weiten Bogen bergab, gleichzeitig können wir rechterhand die Seckauer Alpen wahrnehmen. Auf unser Fahrt zum Talboden des Murtales ergibt sich bis nach Scheifling der Blick ins weite Murtal, wo einerseits die schmalspurige Murtalbahn mit ihren Ortschaften zu sichten und andererseits bekannte Bauwerke, die wildzerfurchte Puxer Wand mit dem Puxer Loch und den darin befindlichen Resten der Höhlenburgen Puxer Lueg und Schallaun zu sehen sind. Ein grandioses Panorama tut sich uns auf, denn im Hintergrund befinden sich die Sölker und Lungauer Alpen. Wir fahren nun auf Scheifling zu, welches wir in einem großen Bogen passieren. Die Strecke verläuft weiterhin an den Ausläufern

! Tipp: Erzbergbahn

Um das am Steirischen Erzberg gewonnene Eisenerz abtransportieren zu können, erbaute man die 18,5 km lange Normalspur-Strecke zwischen Vordernberg Markt und Eisenerz, mit fünf Tunneln und sechs Viadukten. Die Strecke besaß eine Zahnstange nach dem System Abt. Der Kulminationspunkt ist der Bahnhof Präbichl mit 1204 m Seehöhe. 1978 verkehrten zum letzten Male die seit der Eröffnung am 18. August 1891 in Betrieb stehenden Dampfloks, nach einem zehnjährigen Zwischenspiel von Dieselloks kam 1988 das Aus für die Strecke. Seit 1990 ist es wieder möglich, die Trasse mit vier Schienenbussen der Baureihe 5081.5 zu befahren. Diese Fahrzeuge, bei denen man dem Lokführer über die Schulter schauen kann, verkehrten früher auch im Planbetrieb. Auf Wunsch kann das Schaubergwerk in Eisenerz besucht werden. Im Bahnhof Vordernberg ist neben verschiedenen Exponaten auch der Führerstand einer Dampflok der Reihe 97.2 ausgestellt.

Information:
Verein Erzbergbahn
Postfach 7, A-8794 Vordernberg
Tel.: 03849/832 (Frau Stangl)
www.erzbergbahn.at

Foto: Markus Inderst

Murtal bei Unzmarkt: Von Unzmarkt nach Bruck an der Mur ist der ET 4030.228 als Regionalzug 4207 unterwegs. Foto: Markus Inderst

dieses Hochplateaus. Kurz vor **Unzmarkt** überqueren wir die Mur und auch die Murtalbahn.
Hoch über Unzmarkt liegt die Ruine Frauenberg. Die Strecke verläuft nun im immer weiter werdenden Murtal. **Judenburg** ist unser nächster Halt.
Die Stadt war schon unter den Römern ein blühender Handelsort. Wenige Kilometer weiter befindet sich Zeltweg. Von hier führt südlich davon die Strecke zum Obdacher Sattel bis nach Kärnten, nördlich führt die Strecke nach Pöls.
Während wir uns auf dem Weg nach Knittelfeld befinden, passieren wir nördlich von uns das Motorsportgelände des Österreich-Ringes. Knittelfeld wird im Norden von den Triebener Tauern und den Seckauer Alpen und im Süden von der Packalpe und den Seetaler Alpen begrenzt und ist zugleich auch eine Eisenbahnerstadt mit einer einst wichtigen Hauptwerkstätte.
Wir befinden uns nun auf den letzten Metern der Kronprinz-Rudolfsbahn – sie endet in **St. Michae**l und führt weiter über den Schoberpass nach **Selzthal** – und fahren am Talboden weiter ostwärts. Wir lassen nun St. Michael buchstäblich links liegen, erreichen die Montanuniversitätsstadt Leoben und umgehen die alte, schöne Strecke bei Leoben-Hinterberg und Göss mittels eines Tunnels. In **Leoben** zweigte einst die Strecke über den Präbichl nach Eisenerz ab, heute wird nur mehr bis Trofaiach gefahren, wobei nur mehr der Güterverkehr Bedeutung hat. Außerdem befindet sich über dem **Erzberg** noch eine Museumsbahn.
In **Bruck an der Mur** stoßen wir nun auf die Südbahn, von wo aus wir in Richtung Süden durch das Murtal nach Graz bzw. Spielfeld-Straß nach Slowenien reisen können. **Graz** ist die Landeshauptstadt der Steiermark und Ausgangspunkt der Steirischen Ostbahn nach Ungarn sowie auch für die beiden Strecken der Graz-Köflacher-Eisenbahn nach Köflach bzw. Deutschlandsberg. Am Grenzbahnhof Spielfeld-Straß gibt es eine **Stichbahn nach Bad Radkersburg**. ■

Ghegabahn über den Semmering: ÖBB-Euro-City am Kalte-Rinne-Viadukt.

Foto: Helmut Petrovitsch

Tourenvorschlag 7

Semmering – wo alles begann

Die Fahrt über den Semmering führt uns von Bruck an der Mur aus zunächst in das Mürztal, das wegen seiner vielen metallverarbeitenden Betriebe bekannt ist. Erst in **Mürzzuschlag** beginnt die Semmeringbahn, wobei die Südrampe landschaftlich betrachtet eher nicht so interessant ist. Nach ca. 20 Minuten Fahrt erreichen wir den **Semmeringtunnel** und danach den Bahnhof Semmering. Die Ortschaft zeichnet sich trotz der schönen Gegend und eines bekannten Skigebiets seit dem Abzug der Besatzungsmächte im Jahre 1955 durch einen leicht morbiden Charme aus, denn längst ist die Zeit vorbei, in der die besseren, vor allem Wiener Kreise, sich dort zur Luftkur aufhielten. Unsere Reise führt uns weiter auf einen höchst interessanten Teil der Strecken, die seit 150 Jahren bestehenden Ghega-Bahn. Nach wenigen Minuten erreichen wir den **Adlitzgrabenviadukt**, den ersten von mehreren Viadukten. Weiter geht es den Berglehnen entlang und nach gut zwei Kilometern sollten wir einen ersten Ausblick auf die andere Hangseite mit seinen markanten Bauwerken erhaschen können. Jetzt dauert es nicht mehr lange, und wir überqueren das weltbekannte **Kalte-Rinne-Viadukt**, fahren dann in den Polleroswandtunnel, um anschließend über den Krauselklauseviadukt und den kürzesten Tunnel, den Krauseltunnel in wenigen Augenblicken Breitenstein zu erreichen. Nun geht es entlang der wild zerklüfteten Adlitzgräben, bevor uns der **Weinzetteltunnel** erwartet, der mit seiner Fenstergalerie einen Ausblick auf die Landschaft

gestattet. Die Strecke läuft weiter bergab und **Klamm-Schottwien** und wenig später auch **Eichberg** sind erreicht. Unsere Reise verläuft weiter dem Tal entgegen und kurz danach ist rechterhand unter uns jener Streckenabschnitt zu sehen, welchen wir in ca. 15 Minuten befahren werden. Wir lassen Küb hinter uns und wechseln nach wenigen Kilometern vor Payerbach-Reichenau wiederum die Talseite auf dem aus 13 Bogen gebauten **Schwarzaviadukt**. Gleichzeitig können wir linkerhand das schöne Bergmassiv der Rax-Region und den Schneeberg sehen. In **Payerbach-Reichenau** stehen im Bahnhofsareal mehrere Museumsexponate im Freien. Außerdem beginnt unweit des Bahnhofes auch die **Museumsbahn ins Höllental**, wo in den Sommermonaten historische Fahrzeuge zum Einsatz kommen.
Die Weiterfahrt nach Wien führt uns zunächst nach Gloggnitz, wo den schweren Güterzügen Vorspann- oder Nachschiebeloks beigegeben werden. Erst

! Tipp: Payerbach-Reichenau Höllentalbahn

Die Lokalbahn Payerbach – Hirschwang ist eine schmalspurige, 5 km lange Museumsbahn, die zwei Besonderheiten aufweist: Sie wurde von Beginn an elektrisch betrieben und ihr einziger Aktionär ist die Papierfabrik Hirschwang. 1926 wurde die Linie für den Personenverkehr an den beiden Endpunkten verlängert. 1963 wurde der Personenverkehr eingestellt. Die Einstellung des Güterverkehrs folgte 1976, jedoch wurde dieser bis 1982 weiter in Regie von Eisenbahnfreunden durchgeführt. Aus dieser Hilfsaktion entstand die Österreichische Gesellschaft für Lokalbahnen, die die 5 km lange Strecke pachtete und nunmehr den Museumsverkehr durchführt. Dieser ist dank seines umfangreichen Fuhrparks sehr vielseitig.

Informationen: ÖGLB
Poschgasse 6, A-1140 Wien
www.erlebnisbahn.at/hoellentalbahn/index.html

Erlebniszug Zauberberg mit Nostalgielok 1010.003. *Foto: Markus Inderst*

IC „Croatia" passiert den Krauselklause-Viadukt oberhalb von Breitenstein.
Foto: Helmut Petrovitsch

jetzt fällt uns auf, dass der Zug merklich beschleunigt, und wir befahren den Abschnitt der Neunkirchner Allee, um alsbald in **Wiener Neustadt** einen Halt

EC 31 mit 1116.104 bei der Weinzettelwand

Foto: Markus Inderst

einzulegen. Wiener Neustadt ist ein bedeutender Bahnknotenpunkt in Niederösterreich, wo fast sternförmig mehrere Nebenbahnlinien abzweigen. Wiener Neustadt ist aber auch Ausgangspunkt für Fahrten nach Puchberg und zum **Schneeberg**.
Weitere Strecken führen ins Voralpengebiet nach Gutenstein sowie weiter nach Sopron/Ungarn oder über den Wechsel zur Steirischen Ostbahn nach Graz. Die weitere Fahrt zur Bundeshauptstadt Wien führt uns noch durch den ältesten Tunnel Österreichs bei Gumpoldskirchen. Auf ihm stehen die lateinischen Worte „recta sequi". Lange dauert es nicht mehr, und wir erreichen **Wien**, wo weitere Reisemöglichkeiten – ebenfalls in alle Himmelsrichtungen – bestehen.

! Tipp: Schneeberg

Foto: H. Petrovitsch

Harmonisch fügt sich der Schienenstrang in die Landschaft, und man könnte glauben, der Schneeberg sei zusammen mit seiner Bahn geschaffen worden. Die schmalspurige Zahnradbahn in Verbindung mit dem mächtigen Massiv des Schneebergs bietet sowohl Eisenbahnfans als auch Naturliebhabern eine faszinierende Kombination von Eisenbahnromantik und alpiner Bergwelt. Egal, ob die Fahrt mit dem seit 1999 verkehrenden „Feuersalamander"-Dieseltriebwagen oder mit einem der traditionellen Nostalgie-Dampfzüge mit Lokomotiven der Reihe 999.0 erfolgt, die Besucher erleben Natur und die Schönheit der Bergwelt. Ausgehend von Puchberg am Schneeberg (577 m Seehöhe) bringt uns der Zug auf seiner 9,8 km langen Fahrt zur Bergstation Hochschneeberg.
Saftige Wiesen, duftender Hochwald und alpines Gelände mit großflächigen Latschenfeldern begleiten uns während der Fahrt. Die Station Hochschneeberg ist mit 1796 m Seehöhe die höchstgelegene Bahnstation Österreichs.

Information:
Niederösterreichische Schneebergbahn GmbH
A-2734 Puchberg
Tel.: 02636/3661
www.schneebergbahn.at

Sonderzug mit 298.56 oberhalb Laubenbachmühle. *Foto: Markus Inderst*

Tourenvorschlag 8

Knoten St. Pölten

Von Wien kommend lohnt es sich, auf der Reise nach Westösterreich auch einen Abstecher auf die zahlreichen Nebenbahnen fernab des Hauptkorridors Westbahn zu unternehmen. **St. Pölten** ist der erste Ausgangspunkt für eine solche erlebnisreiche Fahrt. Als erstes begeben wir uns auf die zwei interessanten Normalspurbahnen, danach verweilen wir auf den **Schmalspurstrecken**, von denen nur mehr zwei Strecken regelmäßig (Mariazeller- und Ybbstalbahn), eine teilweise (Krumpen) und zwei Strecken als Museumsverkehr (Ybbstalbahn-Bergstrecke und Waldviertel) betrieben werden.

Wachau

Die Wachau zählt zu den schönsten Ausflugsgegenden Österreichs. Ihre zauberhafte Landschaft macht sie al Reiseziel so beliebt und anziehend. Sind es im Herbst die bunten Blätter der Weinstöcke und die Lesekarren in den Weinbergen, die die herangereiften Beeren fassen, so locken im Frühjahr die vielen Marillenplantagen mit ihren leuchtenden Blüten. Hinzu kommt, dass die im Jahre 1909 eröffnete **„Donauuferbahn“** diese schöne Landschaft befährt. Egal wo man hinsieht, diese Gegend verleitet einfach zum Aussteigen, um dann anschließend eine Wanderung zu Fuß zum nächsten Bahnhof zu unternehmen.

Unsere Reise durch die Wachau beginnt in Krems an der Donau. Um dorthin zu gelangen, gibt es von Wien aus zwei Möglichkeiten: entweder man fährt direkt auf der **Franz-Josefs-Bahn** nach Krems oder man nimmt den Umweg via St. Pölten und den Staatzenberg in Kauf. Der Bahnhof liegt am Rande der Stadt unweit der Donau. Wir benützen einen der wenigen durchgehenden Züge nach St. Valentin. Die Strecke führt am Stadtrand in Richtung Westen und schmiegt sich alsbald an das Donauufer an. Mit etwa acht Promille Neigung führt

oben – Wachau: Heute sind die VT 5047 allgegenwärtig. *Foto: Markus Inderst*
unten – Sonderzug mit Nostalgiefahrzeug 2050.04 bei Oberloiben *Foto: D. Zehetner*

! Tipp: Kamptal

Die Bahnlinie durch das Kamptal (Sigmundsherberg – Horn – Hadersdorf am Kamp) entstand 1889 nach der Eröffnung der Franz-Josefs-Bahn von Wien nach Gmünd (1869/70) bzw. nach Krems (1872). Die Strecke erschließt eine Hügellandschaft, die mit Weinbergen übersäht ist.
Die Reise durch das Kamptal verläuft neben dem Fluss Kamp, der an fünf Stellen auf bis zu 65 m langen Stahlbrücken überquert werden kann. Die Bahnlinie und natürlich auch diese fünf Stahlbrücken aus der Gründerzeit – beides Herzstücke dieser einstigen Lokalbahn – stehen schon seit vielen Jahren unter Denkmalschutz. Die Viadukte wurden teilweise durch neuere ersetzt. Die alten werden als Fußgängerbrücken weiterverwendet.
Die Region, die zum Weinviertel gehört, wird heute besonders von den Wienern zur Sommerfrische genützt. Zahlreiche Heurigenbetriebe laden zum Verweilen ein, denn ein Großteil der Bevölkerung lebt vom Weinbau. Neben der Bahnlinie verläuft ein Wander- und Fahrradweg. Eine der berühmtesten Sehenswürdigkeiten des Kamptales – eine beeindruckende Burg – ist in Rosenburg zu sehen.

Mariazellerbahn: Sonderzüge mit Dampfloks gehören zum fixen Bestandteil dieser einzigartigen Strecke, hier 298.56 am Kuhgrabenviadukt. *Foto: Markus Inderst*

die Strecke nach **Dürnstein**. Beiderseits sind die ersten Weinberge zu sehen. Dürnstein zählt wohl zu den bekanntesten Orten der Region. Dank seiner Silhouette – dem Stift und dem aus dem 16. bis 18. Jahrhundert stammenden Bürgerhäusern – gehört dieser Ort zu den meistfotografierten Kalendermotiven. Wir fahren weiter nach **Spitz an der Donau** und passieren eine Vielzahl von Ruinen an den Berghängen. Die Wachauerbahn wird von Spitz aus im Zugleitbetrieb geführt. Ab Spitz schmiegt sich der Zug eng an die Berghänge des Donautales an, und wir durchfahren auf dem Weg nach Emmersdorf an der Donau den kürzesten Eisenbahntunnel Österreichs, den **Teufelsmauer-Tunnel,** passieren den Ort Willendorf, Fundort der weltbekannten Kalksteinfigur „Venus von Willendorf".

Das Arbeitstier schlechtin: Regionalzug 6809 mit der 1099.011 bei der Einfahrt in Mariazell. Die Loks sind seit der Inbetriebnahme im Einsatz. Foto: Markus Inderst

Nach Emmersdorf erkennen wir die Donaubrücke bei **Melk** und dahinter ist das mächtige Benediktinerstift zu sehen. Hier endet das Weinbaugebiet ebenso wie die Wachau. Die weitere Fahrt führt uns zum Wallfahrtsort **Maria Taferl**, dessen Kirche sich auf einer Terrasse über uns am Berg befindet. Weiter stromaufwärts passieren wir das 1955 fertig gestellte Donaukraftwerk Perg.
Wir befinden uns bereits im **Strudengau**. Die Strecke folgt weiter dem hier recht kurvenreichen Verlauf der Donau. Wir treffen dann sehr bald in Grein–Bad Kreuzen ein. Im jetzt sehr engen Donautal führt die Bahn teilweise unmittelbar neben der Straße weiter, und wir verlassen bei Dornach die Donau. Unsere Strecke nimmt nun einen sehr geraden Lauf. Dabei geht es weiter über Perg und Schwertberg nach **Mauthausen**, das durch sein Konzentrationslager während des Zweiten Weltkrieges traurige Bekanntheit erlangte. Ab hier bestand früher eine unmittelbare Verbindung zur **Summerauer Strecke**, die nach Prag führt. Unsere Reise nähert sich allmählich dem Ende. Wir überqueren die Donau und fahren nach wenigen Minuten in St. Valentin ein. Ab hier besteht die Möglichkeit ins Ennstal via Kleinreifling weiterzureisen.

Mariazellerbahn

Die Reise mit der Mariazellerbahn ist ein wahres Vergnügen. Die Bahn benötigt zwar zwei Stunden bis zum Wallfahrtsort, dafür wird dem Reisenden die Schönheit des Voralpenlandes vor Augen geführt. Unsere Reise beginnt in St. Pölten, indem wir in einen der schmalen Waggons einsteigen. Zunächst geht's nach **St. Pölten-Alpenbahnhof**, wo der gesamte Fuhrpark hinterstellt ist und sich zugleich auch die Werkstätte befindet. Wir zuckeln dann gemütlich nach Ober-Grafendorf. Dort teilt sich die Strecke nach Wieselburg an der Erlauf und verläuft über die **„Krumpe"**. In Ober-Grafendorf befindet sich auch eine Drehscheibe mit Rundschuppen, wo zahlreiche Museumsfahrzeuge des Clubs Mh6 hinterstellt sind.

Wir fahren aber weiter südwärts und befinden uns noch im Alpenvorland. Ab Kirchberg an der Pielach wird das Gebiet schon hügeliger, und wir fahren wenige Kilometer später entlang der Felswände in Richtung Laubenbachmühle. Ab hier beginnt die **Bergstrecke**, und der Zug fährt in einer großen Schleife und anschließenden Serpentinen den Südhang des Turmkogels hinauf, um nach der Haltestelle Puchenstuben den 2.370 m langen **Gösingtunnel** zu passieren. Hinterher erhaschen wir den ersten Blick vom Ötscher. Die Strecke verläuft weiter im Wald und erlaubt ab und zu Ausblicke in die herrliche Gebirgswelt. Dabei überqueren wir bis Mariazell die vielen, gemauerten Viadukte und bei Wienerbruck umfahren wir noch in einer großen Schleife jenen Stausee, dem die Stromversorgung der Bahn zu verdanken ist. Es geht zum Schluss zielstrebig weiter und so erreichen wir bald Mariazell mit seiner Wallfahrtskirche.

Der Ort **Mariazell** wurde bereits 1266 erstmals erwähnt und wurde im Laufe der Jahre zum bedeutendsten Wallfahrtsort der einstigen Monarchie. Aus diesem Grund ist es nicht verwunderlich, dass bald nach Vollendung der wichtigsten Bahnstrecken die Idee entstand, auch eine Bahnlinie nach Mariazell zu bauen.

Die Strecke hat heute eine Länge von 85 km (damals war Gusswerk der Endpunkt) und beinhaltet nicht weniger als 21 Tunnel mit 4.574 m Gesamtlänge sowie zahlreiche Brücken und Viadukte, die eine Höhe von bis zu 37 m erreichen. Die Aufnahme des elektrischen Betriebes erfolgte Ende 1911. Sie ist die einzige elektrische Schmalspurbahn der ÖBB.

! Tipp: Ybbstalbahn-Bergstrecke

Die Ybbstalbahn-Bergstrecke wird neben den Schmalspurbahnen im Waldviertel (Litschau – Gmünd NÖ – Groß Gerungs) nur mehr im Museumsbetrieb an Wochenenden betrieben. Sie hat den Vorzug, dass eine Rundreise möglich ist, indem man von Pöchlarn aus mit Regionalzügen durch das Pielachtal zureist. Ausgangspunkt dieser Museumsbahn ist Kienberg-Gaming, wo sich auch die Heizhausanlagen des Vereins Niederösterreichische Landesbahn (NÖLB) befinden.

Der Abschnitt von Kienberg-Gaming – Pfaffenschlag – Lunz am See (Bergstrecke) wurde 1898 eröffnet und weist Steigungen bis zu 35 ‰ sowie zwei sehenswerte „Trestlework-brücken" auf. 90 Jahre später stellte die ÖBB den Betrieb wieder ein. 1990 gelang es der Österreichischen Gesellschaft für Lokalbahnen, auf dieser reizvollen Strecke eine Museumsbahn zu eröffnen. Eingesetzt werden dort die ältesten, betriebsfähigen Schmalspurfahrzeuge Österreichs.

Information: NÖLB, Poschgasse 6, A-1140 Wien
oder: TVB Ötscherland
Volksfestplatz 3, A-3250 Wieselburg
www.erlebnisbahn.at/ybbs/index.html

Foto: Wolfgang Kaiser

Ybbstalbahn

In **Lunz am See** findet die Ybbstalbahn ihre Fortsetzung in der Talstrecke bis nach Waidhofen an der Ybbs. Dort besteht auch Anschluss an einen Planzug, welchen man mit den Sonderzügen auf der Bergstrecke bequem erreicht.
Der erste Spatenstich erfolgte am 1. Juni 1895. Der Bau der Bahn wurde in drei Baulosen vorgenommen. Der erste Teil, Waidhofen – Großhollenstein, konnte nach 13 Monaten in Betrieb gehen und beinhaltet zahlreiche Kunstbauten, allen voran viele fischbauchförmige Stahlbrücken. Der Abschnitt Groß Hollenstein – Lunz wurde im Mai 1898 fertig.
Er beinhaltet zwar keine Kunstbauten, zählt aber zu den schönsten und beeindruckendsten Schmalspurbahnabschnitten, die unter schwierigsten Bedingungen errichtet wurden. Die Bergstrecke wurde im November desselben Jahres fertig und weist die bereits erwähnten Trestle-Work-Brücken auf.

Unsere Reise beginnt jedoch in Lunz am See, indem wir talauswärts Richtung Westen dem Lauf des steinernen Flussbettes der Ybbs folgen. Bei Groß Hollenstein biegt die Strecke in Richtung Norden ab, wobei der Zug aufgrund der vielen Kurven immer wieder die Geschwindigkeit auf 20 km/h reduzieren muss. Wir fahren auf Hollenstein zu, die Strecke verläuft danach inmitten des Talbodens und erreichen nach Passieren eines 87 m langen Tunnel Opponitz. Wir fahren dann weiter nach **Gstadt**, überqueren dahin mehrmals die Ybbs und stoßen bei der Bahnhofseinfahrt zuvor auf die 6 km lange Stichbahn nach Ybbsitz, welche 1899 eröffnet wurde. Wir befinden uns schon im Einzugsgebiet von Waidhofen an der Ybbs und nach wenigen Kilometern überqueren wir das **Schwarzbachviadukt**. Gleichzeitig tut sich uns die Silhoutte der Altstadt von **Waidhofen** auf, die uns auf unseren letzten Metern zum Bahnhof begleiten wird. Unser Zug endet unmittelbar am Bahnhofsvorplatz, nördlich von uns sind die Heizhausanlagen situiert. Danach empfiehlt es sich, in einen Zug nach Selzthal zu steigen.

Ybbstalbahn: Sonderfahrt mit 2093.01 bei Stiegengraben. *Foto: Markus Inderst*

Inzwischen passé: Regionalzug in der Station Gesäuse Eingang. Foto: Helmut Petrovitsch

Tourenvorschlag 9

Ennstallinie – Knoten Selzthal

Die **Ennstallinie** befährt eine der schönsten Flusslandschaften in Österreich und ist – bedauerlicherweise – nur mehr sehr beschränkt durchgehend befahrbar.

Das wird uns dennoch nicht abhalten, diese landschaftlich sehr reizvolle Strecke zu befahren. Ausgangspunkt der Ennstalbahn ist **Amstetten**. Wir verlassen den Bezirkshauptort in westlicher Richtung und biegen nach gut einem Kilometer von der Westbahnstrecke nach Süden ins Ybbstal ab und erreichen bald Greinsfurth. Nun taucht die Strecke in die neben der Ybbs liegenden Waldungen ein, bald wird der Bahnhof Ulmerfeld-Hausmening mit der angrenzenden Papierfabrik erreicht, dabei wird die Ybbs erstmals überquert. Bis zur Haltestelle Kröllendorf befahren wir hügliges Gebiet, begleitet von der Ybbs, danach verläuft die Strecke bis Hilm-Kematen entlang von Feldern. Wir können nun den 704 m hohen **Sonntagsberg** mit der gleichnamigen, in den Jahren 1706 bis 1732 von Jakob Brandtauer erbauten Wallfahrtskirche erblicken, passieren die Haltestelle Rosenau-Sonntagsberg und erreichen nach einer bogenreichen Fahrt – entlang an Industrieanlagen – den Bahnhof **Waidhofen an der Ybbs**. Waidhofen ist Ausgangspunkt der schmalspurigen Ybbstalbahn nach Ybbsitz einerseits oder Lunz am See andererseits (siehe Kapitel Ybbstalbahn, Seite 111/112). Hinter Waidhofen endet der flache Teil der Strecke. Betrugen die Steigungen bis jetzt 5‰, so geht es nun mit 12 bis 15‰ weiter. Wir umfahren dabei die Stadt Waidhofen an der Ybbs, wobei sich ein Blick nach links auf das aus dem Jahre 1400 stammende Schloss sowie den Stadtkern lohnt. Die Strecke steigt weiter an, und wir wechseln die Talseite. Unmittelbar vor dem Bahnhof **Oberland** verlassen wir Niederösterreich und befinden uns nun in Oberösterreich. Zugleich stellt der Bahnhof Oberland auch die Wasserscheide zwischen dem Ybbstal- und dem Ennstal dar, danach

fällt die Trasse wieder merklich bis zu 16‰ bergab, wir passieren dann Gaflenz und erreichen Weyer. In einem Linksbogen überqueren wir auf einer Eisenbrücke die Enns und stoßen in der Haltestelle Kastenreith auf die Strecke von St. Valentin. In unmittelbarer Nähe befindet sich das heute größte der Ennskraftwerke. Direkt am Ufer des Stausees verläuft unsere Fahrt bis in den **Bahnhof Kleinreifling** hinein. Wir folgen jetzt allen

Gesäuse Eingang: ein gern gesehendes Fotomotiv, hier mit ET 4030 Foto: Markus Inderst

Regionalzug mit 1040 in der Nähe von Gesäuse Eingang *Foto: Markus Inderst*

Windungen der nun Richtung Süden fließenden Enns zunächst nach Schönau an der Enns und fahren am unbesiedelten Ufer des Flusses, mehrmals unterbrechen Tunnels die schöne Aussicht. Auf unserer Fahrt nach Weißenbach-St. Gallen überqueren wir noch die Landesgrenze zur Steiermark. Die Bahn windet sich jetzt nach Osten, biegt aber danach wieder in den Süden ab, um in **Großreifling** einen kurzen Halt zu machen. Rechts von uns liegt die Ortschaft mit einem aus dem 18. Jahrhundert stammenden Getreidespeicher, in welchem heute ein bemerkenswertes Forstmuseum untergebracht ist. Linkerhand bestehen in der Enns noch die Überreste des Holzrechens, der an die Zeit der Holztrift erinnert. Wir befahren nun geologisch gesehen ungünstiges Gelände, welches im Winter immer wieder Streckensperren wegen Lawinengefahr bedingt, überqueren bei Landl die Enns und gelangen sodann in **Hieflau** an, wo links von uns das Schleifengleis zum Verschiebebahnhof abzweigt.
Eine weitere Verbindung dorthin besteht vom Personenbahnhof Hieflau aus, sodass hier ein Gleisdreieck existiert.

Mit dem Verlassen von Hieflau befahren wir nun den schönsten Teilabschnitt, da dieser sehr gebirgig ausfällt. Unmittelbar nach der Ausfahrt aus Hieflau ist rechts der 2.034 m hohe **Tamischbachturm** zu sehen. Wir stoßen dabei auf die alte **Gesäusestraße** und danach die Ennsmauergalerie, fahren im Talgrund entlang der Enns und passieren auf unserem Weg nach Gstatterboden mehrere Tunnels.
Wir konnen nun links die Planspitze und den Reichenstein sehen. Rechts von uns ergibt sich ein kurzer Ausblick durch das Weißenbachtal in den felsigen Hinteren Winkel sowie auf den Kleinen und den Großen Buchstein. Die Strecke verläuft von Gastatterboden am nördlichen Ufer der Enns weiter, wobei sich nach links hin der Blick auf die Riesenmauern des Hochtorzuges immer umfassender gestaltet. Von links nach rechts erheben sich vor uns die Planspitze (2.117 m), die Rosskuppe, das Hochtor (2.372 m), der Festkogel und der Große Ödstein (2.355 m); jenseits der Furche des Johnsbachtales vervollständigen der

Reichenstein (2.247 m) und das Horn des Sparafeldes das überwältigende Hochgebirgsbild. Vorbei an der aufgelassen Haltestelle Johnsbach, erkennbar an der hölzernen Brücke über die Enns, verläuft die Strecke direkt neben den Felswänden weiter und im Blick nach Westen scheinen uns der Himbeerstein und links die Haindlmauer das Tal zu versperren. Wir überqueren dann die Enns und dringen in den **Gesäuseeingangtunnel** ein, um sodann in der **Haltestelle Gesäuse Eingang** einzutreffen, die ein bekanntes Fotomotiv ist. Das Tal weitet sich, und wir fahren entlang der Südlehne ennsaufwärts. Gegen Westen hin tut sich uns ein herrlicher Blick auf die örtliche Bergwelt auf.

Wir sehen zur Felsgestalt des Großen Bosruck, an den sich bald rechts, von Westen nach Osten streichend, der lange Kamm der Haller Mauern (Großer Pyrgas, Scheiblingstein, Kreuzmauer, Hochturm, Hexenturm und Natterriegel, Sparafeld und Hahnstein) auftürmt. Gegen Nordosten rückschauend erblicken wir den wuchtigen Großen Buchstein. Links vorne erscheint uns das auf einer Waldkuppe gelegene, 1655 erbaute Schloss Röthelstein, rechts davon in weiter Ferne der Felszacken des Hochtausig. Im Tale selbst ragt das schlanke Turmpaar der 1866 bis 1869 erbauten Stiftskirche von Admont auf. Nördlich öffnet sich nun das Tal der Esslin, südlich der Kaiseraugraben, an dessen Mündung der **Bahnhof Admont** liegt. Admont wurde erstmals 860 urkundlich erwähnt. Das Benediktinerstift mit seiner bedeutenden Bibliothek wurde 1074 gegründet und nach einem Großbrand im Jahre 1865, bei dem die Sammlung komplett gerettet wurde, in der heutigen Form neu aufgebaut. Das Stift ist übrigens der größte Arbeitgeber dieser Region. Wir

Ein Regionalzug passiert Trautenfels und den Grimming *Foto: Dietmar Zehetner*

Enntalbahn: Blick auf Admont mit Verschubzug und 1040.009. *Foto: Markus Inderst*

fahren nun im breiten Ennstal entlang der südlichen Berglehne und erkennen bei Frauenberg auf einem Hügel die anmutige Wallfahrtskirche, welche zwischen 1410 und 1423 errichtet wurde. Jenseits er Enns öffnet sich der Arlinggraben, an dessen Mündung das Dorf Ardning liegt. Dort mündet auch der **Bosrucktunnel**, der zur **Pyhrnbahn** (siehe Seite 126) gehört. Die Strecke biegt nun nach Südwesten ab und in wenigen Minuten sind wir in **Selzthal**, erkennbar an den großen Bahnanlagen im Vorfeld. Selzthal ist ein Bahnknotenpunkt in der Obersteiermark, wo sternförmig die Strecken aus Linz und Graz in der Nord-Süd-Ausrichtung sowie jene von Amstetten/St. Valentin und Bischofshofen in der Ost-West-Richtung zusammentreffen. Selzthal ist aber auch bekannt für die im Rundschuppen hinterstellten **Museumsloks der ÖBB**, die immer wieder zu Sonderfahrten herangezogen werden.
Selzthal ist Ausgangspunkt für die Weiterfahrt durch das obere Ennstal nach Bischofshofen. Wir verlassen den Ort in westlicher Richtung, passieren das nördlich gelegene Heizhaus und fahren zunächst entlang des Moorgebietes zum Bezirkshauptort **Liezen**. Dabei kreuzen wir kurz zuvor das Ennstal und überqueren dabei die Enns. Die Strecke erreicht

Schoberpass: Doppelgarnituren mit ET 4010
Foto: Markus Inderst

kurz hinter dem Bahnhof die Bergausläufer der Sonnenseite des Ennstales, wendet sich dann wieder nach Westen und strebt zwischen den Berghängen und den Mooren der Enns weiter.
Bei Wörschach-Schwefelbad erblicken wir rechterhand die über den Ort aufragenden Felsen die Ruine der Burg Wolkenstein. Bei der Weiterfahrt wird der vor uns liegende Grimming immer mächtiger, und wir erreichen alsbald **Stainach-Irdning**. Hier zweigt die Strecke ins Salzkammergut ab (siehe Seite 120). Es geht nun weiter, die Bahn wendet sich nach rechts und umfährt den im Ennstal liegenden Hügel, auf welchem sich das bekannte Schloss Trautenfels befindet. Nun fahren wir am Fuße des Grimmings entlang nach St. Martin am Grimming und weiter nach Oeblarn. Links von uns ergibt sich nochmals ein Blick auf das mächtige Bergmassiv. **Oeblarn** ist der nächste Bahnhof, danach schlängelt sich unser Zug immer weiter ennsaufwärts, passiert Stein an der Enns, die Statuarstadt Gröbming, Pruggern und Aich-Assach, um nach Haus in einer großen Doppelschleife die Talseite zu wechseln. Auch die Enns wird überquert. Es geht nun entlang der Sonnenseite, gesäumt von landwirtschaftlichen Flächen zu unserem nächsten Halt in **Schladming**, den bekannten Wintersportort. Unsere Strecke steigt nun etwas stärker an und führt in westlicher Richtung weiter. Rechts liegt nun das Dachsteinmassiv und links der Gebirgszug der Schladminger Tauern. Bald folgt die Haltestelle Pichl, und wir wenden uns nach Nordwesten. Kurz vor Mandling überqueren wir die Landesgrenze nach Salzburg, danach drehen sich Tal und Bahn wieder Richtung Westen, und die Strecke führt am Fuße des Moserhörndls weiter. Unser nächster Halt wird in **Radstadt** eingelegt. Die Strecke und das Ennstal steigen nun weiter an, wir fahren an Altenmarkt im Pongau vorbei und wenden uns dann in einer Rechtskurve dem Fritzbachtal zu, in dem wir dann **Eben im Pongau** erreichen. Die Enns wendet sich in einem scharfen Bogen nach Süden, um zum Ennsursprung in der Nähe des 2.436 m hohen Kraxenkogls zu gelangen. Der Scheitelpunkt der oberen Ennstallinie ist der Bahnhof Eben, und gleich danach ist der Abstieg mit einer Neigung bis zu 29 ‰ zu spüren.
Das Fritzbachtal wird merklich enger, und wir passieren die Orte Niedernfritz-St. Martin und Hüttau. Danach wird es noch enger, und wir überqueren auf unserer Fahrt nach Bischofshofen mehrmals den gleichnamigen Bach. Vorbei an Pöham verläuft die Strecke weiterhin steil bergab und nach dem Passieren des 711,1 m langen **Kreuzberg-Tunnels** fällt die Strecke zum Talboden bis zum Endpunkt **Bischofshofen** ab.

Von hier haben wir die Möglichkeit nach Salzburg und weiter nach München bzw. nach Wien zu gelangen, in Richtung Süden gelangen wir über den Tauern nach Villach oder auf der Giselabahn nach Innsbruck.

Schoberpass

Die Schoberpasslinie wurde von der damals gegründeten **k. k. priv. Kronprinz-Rudolfsbahn (KRB)** gebaut und 1869 (Rottenmann–St. Michael) bzw. 1872 (Küpfern–Selzthal–Rottenmann) eröffnet, und war zunächst eingleisig. Diese Strecke war ein wichtiger Bestandteil einer zweiten Eisenbahnverbindung zur Adria, gedacht als Konkurrenzlinie zur Südbahn über den Semmering. Ihren Ausgangspunkt nahm die KRB an der Westbahn, an der dort gelegenen Station **St. Valentin**. Die Strecke verläuft entlang der Enns via Steyr, Kleinreifling und Hieflau durchs untere Ennstal und Gesäuse (Seite 113). Es schloss sich die 67 km lange, auf schwierigen Terrain errichtete Schoberpassstrecke an. In **St. Michael** endet die Schoberpasslinie, und sie verläuft dann weiter über den Neumarkter Sattel nach Villach bzw. bis zur Staatsgrenze bei Tarviso nach Italien. Die Fertigstellung der Pyhrnbahn, der Karawankenbahn und der Wocheinerbahn im Jahre 1906 erhöhte die Bedeutsamkeit der Schoberpasslinie, weil auf dieser Strecke **die kürzeste Verbindung von Prag zur Adria** möglich war. Doch der florierende Eisenbahnverkehr brach mit der Veränderung der Grenzen nach dem Ersten Weltkrieg zusammen. Seitdem erfüllte die Strecke nur noch eine innerösterreichische Querverbindung von Linz bzw. Salzburg/Innsbruck nach Graz.

Der Ölschock der Siebzigerjahre und das damit verbundene Umdenken in der Verkehrspolitik führten zum Entschluss, die Schoberpasslinie zweigleisig auszubauen. Dieser Schritt ist heute bis auf den Bereich in Selzthal faktisch vollzogen.

Wir beginnen unsere Reise im Bahnknotenpunkt Selzthal und besteigen dort einen bereitstehenden IC nach Graz.

Am westlichen Bahnhofsende verlassen wir das Ennstal und schwenken nach Süden ab, wo zugleich die Trasse geradeaus ins Ennstal nach Bischofshofen verläuft. Wir fahren zunächst nach Rottenmann, einer Industrie- und Bergbaustadt, und während dieser Fahrt zeigt sich in der Talenge die Burg Strechau. Wir fahren weiter in südöstliche

Sonderzug mit 1245 anlässlich des Dampflokreffens in Selzthal *Foto: D. Zehetner*

Noch vor wenigen Jahren konnte man Lokomotiven der Baureihe 1010 vor Planzügen erleben: 1010.010 + E 3425 sind hier vor der prächtigen Kulisse des Traunsteins. *Foto: Dietmar Zehetner*

Richtung und halten alsbald in **Trieben**, wo neben dem Bahnhof die Schornsteine des Triebener Magnesitwerkes in den Himmel ragen.

Die Strecke, umgeben von den Eisenerzer Alpen im Norden und den Seckauer Alpen im Süden, steigt nun bis **Wald am Schoberpass**, dem Scheitelpunkt, an. Dabei haben wir die Orte Gaishorn und Treglwang gesehen. Gleich hinter Wald passieren wir nun den jüngsten, zweigleisig ausbauten Streckenabschnitt und umfahren das Örtchen Unterwald, dessen Pfarrkirche mit dem konischen Turm gerne als Fotomotiv dient. Die Bahn verläuft wieder am Talboden, der überwiegend der landwirtschaftlichen Nutzung unterliegt, weiterhin in südöstliche Richtung. Wir passieren nach Kalwang noch Mautern und Seiz und erreichen dann den Endpunkt St. Michael.

Salzkammergutbahn

Unsere Reise beginnt in **Stainach-Irdning**. Gleich dahinter erreicht die Strecke eine Neigung von 25 ‰, mit der die Bahn neben dem Grimming ansteigt, um mit vielen engen Bögen auf das Hochplateau bei Tauplitz zu gelangen. Wir erreichen nach gut 10 km den **Bahnhof Tauplitz**, zugleich auch der höchste Punkt der Strecke.

Auf der Hochebene fahren wir dann in westlicher Richtung fast geradlinig bis zum Bahnhof Bad Mitterndorf weiter. Nun fällt die Strecke wieder mit 25 ‰ Steigung bergab, wir passieren Bad Mitterndorf-Heilbrunn und erreichen in mehreren Bögen Kainisch. Ab hier fällt die Strecke zwischen 20 und 25 ‰ nordwestlich der Kainisch-Traun bergab und erreicht sodann **Bad Aussee**. In Bad Aussee beginnt der landschaftlich schönste, aber mit vielen Problemen behaftete Streckenabschnitt, in dem die

Jahrelang waren Triebfahrzeuge der Baureihe 1041 im Salzkammergut anzutreffen. Am 29. Dezember 2004 beispielsweise im Bahnhof Tauplitz. Foto: Dietmar Zehetner

! Tipp: Straßenbahn in Gmunden

Vom ÖBB-Bahnhof zum Franz-Josefs-Platz: Dieser kleinste, aber dennoch interessante Straßenbahnbetrieb Österreichs gehört zur Gruppe Stern & Hafferl. Als Alternative zu einem etwa 30-minütigen Fußmarsch führt die Straßenbahn vom Gmundner ÖBB-Bahnhof in den Ortskern, oder genauer gesagt zum Franz-Josefs-Platz. Auf der nur 2,2 km langen Strecke befährt die Straßenbahn Neigungen von bis zu 100 ‰ und kommt bei der Haltestelle Tennisplatz (hier im Bild – Foto: D. Zehetner) an einer der beiden Ausweiche vorbei. Sie erlaubt während der Spitzenzeiten den Einsatz von zwei Motorwagen, während sonst ein einziger genügt. Als interessanter Streckenteil sei noch die enge Kuferzeile genannt, wo es manchmal zu prekären Situationen zwischen der Tram und den Autos kommt! Im April 2003 hat die Stadt Gmunden ein Modernisierungs- und

Ausbauprogramm für die Straßenbahn beschlossen, das unter anderem den Kauf von drei neuen Niederflurwagen und eine Verknüpfung mit der Lokalbahn Gmunden – Vorchdorf am Seebahnhof vorsieht.
Information:
http://www.stern-verkehr.at/sverkehr/

Bahn, neben der Traun trassiert, durch die Koppenschlucht zum **Hallstättersee** absteigt. Am Ende der Koppenschlucht überfahren wir die Landesgrenze zu Oberösterreich und erreichen dann Obertraun-Dachsteinhöhlen. Danach fahren wir entlang des Ufers des Hallstättersees an den Abhängen des Hohen Sarsteins nordwärts entlang. Sehr bald erreichen wir Hallstatt, das nur per Schiff zu erreichen ist. Knapp hinter dieser Haltestelle durchfahren wir den 165 m langen **Wehrgraben-Tunnel**, erreichen dann Obersee, wo wir kurz darauf den Hallstättersee verlassen und machen in Steeg-Gosau einen Halt.
Wir fahren nun weiter nach Bad Goisern und Bad Goisern-Jodschwefelbad und werden von der Traun begleitet. Wir passieren ein schmales Tal, bei Lauffen benützen wir einen Steindamm und erreichen in wenigen Augenblicken zunächst Bad Ischl Frachtenbahnhof und danach die frühere Kaiserstadt **Bad Ischl**. Wir folgen nun allen Windungen des Tales – bei geringem Gefälle –, um somit bei Mitterweißenbach einzutreffen. Traunabwärts geht es im engen Tal weiter bis nach Langwies, wo sich das Tal wieder lichtet. Eine enge Schlinge der Traun schneidet die Strecke ab, und schon von der Ferne ist das markante Profil des Traunsteins zu erkennen. Ebensee ist bald erreicht und nach Ebensee-Landungsplatz stoßen wir auf den **Traunsee,** und wir fahren entlang der steilen Abhänge des Sonnsteins. Die Fahrt nach Traunkirchen sowie der Blick wieder zum Traunsee wird häufig durch Tunnels unterbrochen. Wir entfernen uns nun vom Ufer des Sees, machen einen kurzen Halt in Altmünster und gelangen schließlich nach **Gmunden**. Gmunden ist auch eisenbahntechnisch interessant, vom Bahnhofsvorplatz aus nimmt man **Straßenbahn von Gmunden** (siehe auch Seite 121), um weiter in die Stadt zu kommen.
Ab Gmunden verlassen wir den Gebirgsabschnitt und erreichen das Alpenvorland. Dabei passieren wir auf unserer Reise nach Attnang-Puchheim noch etliche Haltestellen und Bahnhöfe. Ist Attnang-Puchheim einmal erreicht, so besteht die Möglichkeit, entweder nach Salzburg zu fahren oder in die Gegenrichtung nach Linz.

ÖGEG 12.14 mit einem Sonderzug nahe Wankham *Foto: D. Zehetner*

ET 26 110 als R 8311 nahe der Haltestelle Palmdorf Foto: D. Zehetner

Tourenvorschlag 10

Das Streckennetz von Stern & Hafferl

Ist man einmal in der Gegend von Attnang-Puchheim angekommen, empfiehlt es sich, auf jeden Fall die umliegenden Strecken der oberösterreichischen Eisenbahnverkehrsunternehmen Stern & Hafferl zu besuchen, befinden sich diese doch in schönstem Voralpengebiet.

Lokalbahn Vöcklamarkt–Attersee (VA)

Als erste Strecke sei die **Attergaubahn** zu nennen. Vöcklamarkt ist mit Eil- oder Regionalzügen entlang der Westbahn zwischen Salzburg und Attnang-Puchheim zu erreichen. Der Triebwagen verlässt den Lokalbahnhof von **Vöcklamarkt** in westlicher Richtung und begibt sich auf seine halbstündige Reise durch eine traumhaft schöne Landschaft.
Die Haltestellen unterwegs liegen meist abseits der Dörfer. In Walchen gibt es ein **Kinderweltmuseum**. St. Georgen im Attergau gilt als wichtigster Bahnhof der Strecke und besitzt deshalb eine größere Gleisanlage als die übrigen Kreuzungsstellen. Nach einem kurzen Aufstieg zur Haltestelle Thern beginnt der Abstieg zur Endstation **Attersee**. Hier befinden sich die Depot- und Werkstättenanlagen der VA-Lokalbahn. Für eine Rundfahrt auf dem gleichnamigen See erreicht der Reisende in nur fünf Minuten zu Fuß die Schiffsanlegestelle.

Graue, dennoch schöne Winterstimmung: ET 23 102 + ET 23 105 als Sonderzug nahe der Haltestelle Gschwandt-Rabersberg *Foto: Dietmar Zehetner*

Lokalbahn Gmunden – Vorchdorf (GV)

Diese Lokalbahn beginnt seit 1990 in **Gmunden-Seebahnhof**. Bis zum Bahnhof Engelhof liegt wegen des Gemeinschaftsbetriebes mit den ÖBB ein **Dreischienengleis**. Von hier aus befährt die GV ihre eigene Trasse und bedient dabei ausschließlich ländliche Gegenden. Neigungen von bis zu 40‰ kommen hier vor. Kurios ist die Tatsache, dass die Haltestelle Karl z'Neuhub ihren Namen dem ehemaligen Landbesitzer verdankt. Karl z'Neuhub war nur gewillt, sein Land abzutreten, wenn die Haltestelle nach ihm benannt würde. In der Endstation **Vorchdorf-Eggenberg** gibt es eine großzügig ausgebaute Gleisanlage, die sich Schmal- und Normalspurbahn (Lambach – Vorchdorf) teilen. Die GV wird praktisch ausschließlich von Occasionstriebwagen aus der Schweiz befahren, die zuvor bei den Privatbahnen WSB (Wynentalund Suhrentalbahn) sowie TB (Trogenerbahn) im Einsatz standen.

Die „Haager Lies" (LH) – (einstellungsgefährdet)

Die Züge der Lokalbahn Lambach – Haag am Hausruck (LH) – im Volksmund auch „Haager Lies" genannt – verlassen den Bahnhof **Lambach** in Richtung Westen und benützen bis Neukirchen bei Lambach die Trasse der ÖBB-Westbahn. Aus diesem Grund verkehren auf der „Haager Lies" Zweisystemtriebwagen (bei älteren Triebfahrzeugen zusätzlich ein Gleichrichterwagen). In Neukirchen, wo sich auch die Trennung zwischen Wechsel- und Gleichstrom befindet, zweigt die Lokalbahn rechts ab. Mit einigen gegenläufigen Steigungs- und Gefälle-Abschnitten durchfährt der Zug bis zum Endbahnhof **Haag am Hausruck** ein rein landwirtschaftlich genutztes Hügelland. Es gibt einige durchgehende Züge von Haag bis Wels, wobei hierfür die zwei modernen Triebwagen zum Einsatz kommen. Sie können auf der ÖBB-Westbahn mit bis zu 120 km/h verkehren. Der erwähnte Gleichrichterwagenbetrieb kann mit etwas Glück noch beobachtet werden.

Die Lokalbahn Lambach – Vorchdorf (LV)

Eigentlich ist die fünfte Stern & Hafferl-Bahn nichts anderes, als die normalspurige Fortsetzung der schmalspurigen Lokalbahn Gmunden–Vorchdorf, auch **Traunseebahn** genannt. Von Lambach aus könnte die LV als Fortsetzung der „Haager-Lies“ angesehen werden.
Die LV-Strecke weist einige interessante Brücken auf, wovon diejenige über die Traun (zwischen Lambach und Stadl-Paura) mit einer Spannweite von 83 m die größte darstellt.
Die idyllische Fahrt von Lambach über Vorchdorf nach Gmunden ist sehr empfehlenswert. Doch sollte man vorher den Fahrplan genau studieren, weil die Züge der LV und GV voll und ganz auf den Berufsverkehr abgestimmt sind. Aus diesem Grund haben sie in Vorchdorf nicht immer aufeinander Anschluss.
Für den Eisenbahnfan ein kleiner Tipp: Der Besuch der **Hauptwerkstätte** der Stern & Hafferl-Bahnen in Vorchdorf lohnt sich auf jeden Fall.

oben – ET 20 111 und ET 22 136 in der Haltestelle Kösslwang *Fotos: D. Zehetner*
unten – ET 20 113 mit Sonderzug 18263 in der Haltestelle Weibern–Aistersheim

Tourenvorschlag 11

Pyhrnbahn

Die Reise entlang der Pyhrnstrecke kann als ein Wechselspiel zwischen Industriegebieten, weitläufigen Wohngebieten und landwirtschaftlich genutzter Flächen beschrieben werden. Unsere Reise beginnt in **Linz Hbf**; gleich nach der Unterquerung der Westbahnstrecke zweigt die Bahntrasse nach Süden ab und mündet vor Wegscheid in die alte **Kremstalbahn** ein. Wir fahren noch durch dicht bewohntes Siedlungsgebiet und erreichen bald Traun, wo sich rechterhand die „Trauner Schleife", die Verbindungsbahn von Wels Verschiebebahnhof zur Pyhrnbahn, befindet. An dessen südlichen Ende schließt die Brücke über die Traun an,

Ein Wendezug passiert bei Windischgarten die schöne Bergwelt der oberösterreichen Alpenausläufer. Foto: Markus Inderst

Pyhrnbahn: VOEST-Taurus beim Kalkverkehr in Steyrling *Foto: Markus Inderst*

und es folgen die Stationen Ansfelden, Nettingsdorf, Nöstelbach und Neuhofen an der Krems. Unsere Strecke biegt nun etwas in westliche Richtung und verläuft ziemlich direkt neben der Krems, und **Kematen an der Krems** ist erreicht. Knapp neben den aus dem Kremstal aufragenden Hügeln führt die Strecke weiter zum Bahnhof Rohr. Nach kurzer Fahrt sieht man rechts bereits die auf einer Terrasse oberhalb des Tales gelegene Benediktinerabtei Kremsmünster. Im Jahr 777 gegründet, fällt die Abtei durch ihr langgestrecktes, dem Kremstal zugewandtes, im 17. Jahrhundert gebautes Klostergebäude und durch die 1759 fertig gestellte achtstöckige Sternwarte auf. Der Ort Kremsmünster liegt unterhalb des Stiftes auf der anderen Talseite. Unser Zug strebt nun mit Steigungen bis 13 ‰ in unmittelbarer Nähe der Krems aufwärts und befährt die Bahnhöfe Krift und Wartberg an der Krems. Wir entfernen uns im hier sehr breiten und flachen Tal weiter von der Krems und erreichen nach einigen Bögen Schlierbach. Während der Vorbeifahrt können wir linkerhand das Zisterzienserstift Schlierbach, das sein heutiges Aussehen von 1696 bis 1715 erhielt, sehen. Nun werden die das Kremstal begrenzenden Hügel höher, und die Strecke nähert sich wieder dem Flussbett. Dann können wir schon das Zementwerk, das unmittelbar an den Bahnhof Kirchdorf an der Krems grenzt, erblicken. Das Kremstal wird wieder enger und nach kurzer Fahrt lassen wir Micheldorf hinter uns, verlassen das Kremstal und erreichen nun den Sattel, der das Kremstal und das Steyrtal trennt. Hier beginnt die **Neubautrasse der Pyhrnbahn**, da die Kremstalbahn auf einer anderen Trasse nach Klaus gelangte. Gleich hinter Schön biegen wir

Pyhrnbahn: Der Fernverkehr macht sich rar, dafür verkehren in diese Diensten noch ET 4010, hier bei Spital am Phyrn. Foto: Markus Inderst

nach rechts ab und durchqueren den 522,5 m langen **Hungerbichl-Tunnel**. Kurz darauf erreichen wir die Ortschaft Klaus. Hier beginnt die eigentliche Bergstrecke der Pyhrnbahn, die Steyr ist nun tief eingeschnitten, und die umliegenden Berge erreichen Höhen bis zu 2.000 m. Gleich hinter Klaus versperrt die Kirchmauer der Bahn den Weg. Die Engstelle wird mittels mehrerer Tunnels überwunden. Der 49 m lange Fiedlerbrunn-Viadukt und die 70 m lange, aus einem Bogen bestehende **Steyrlingbrücke** übersetzen zwei tief eingeschnittene Seitentäler, dann ist der Bahnhof Steyrling mit dem davor befindlichen Kalkwerk erreicht. Neben der hier seit Jahren aufgestauten Steyr führt die Strecke nun waagrecht trassiert weiter und wechselt auf der Steyrfluss-Brücke, die aus vier 12 m weiten Steinbögen, zwei 32,1 m langen Eisenträgern und einem 83 m langen Tragwerk besteht, die Talseite. Die Gleise befinden sich 41,6 m über der Talsohle, wegen der hier aufgestauten Steyr ist diese Höhe nicht mehr zu erkennen. Wir umfahren nun auf der anderen Talseite den Falkenstein.
Ab hier verläuft die Strecke im Tal der Teichl weiter in Richtung **Pyhrnpass**.
Mit der ersten Teichlbrücke wird die Talseite abermals gequert. Die Brücke hat zwei 24,97 m lange und ein 60 m langes Eisentragwerk und ist 36,5 m hoch.
Unsere Strecke gewinnt wieder an Steigung, und wir passieren den Bahnhof Hinterstoder. Die Steigung wird größer und beträgt bis zu 14 ‰. Wir befinden uns nun auf einer Hochfläche im Teichltal, sodass die tief eingeschnittenen Seitentäler mit beachtenswerten Brückenbauwerken übersetzt werden müssen. Vor Pießling-Vorderstoder wechseln wir wieder die Talseite, und es weitet sich nun das Tal zu einem Kessel, und die Teichel ist auch nicht mehr so tief eingeschnitten.
Nach Roßleithen steigt die Strecke weiter an, quert auf einer 22 m langen Brücke die Laussa, danach wird der Ort Windischgarten umfahren und der gleichnamige Bahnhof erreicht. Die Strecke führt im Tal des Edelbaches weiter bergauf, um den Ort Spital am Pyhrn zu erreichen. Danach wird der Ort umfahren, aus dessen Silhouette das im 17. Jahrhundert neu gebaute und 1807 aufgehobene Stift markant hervortritt.
Mit 14 ‰ Steigung geht es nun weiter im Tal der Teichl aufwärts, bis der 2009 m hohe Bosruck endgültig das Tal ab-

Mächtige Brücken überspannen die Steyr wie hier nördlich von Pießling-Vorderst oder mit Wendezug und 1142 in Richtung Linz fahrend. *Foto: Markus Inderst*

schließt. Wenig später findet unsere Fahrt im 4.766,6 m langen **Bosrucktunnel** ihre Fortsetzung. Wir überschreiten dabei einerseits den Scheitelpunkt auf 726,7 m Seehöhe und wechseln die Landesgrenze von Oberösterreich in die Steiermark. Wir befinden uns nach dem Verlassen des Tunnels im Ardningbahngraben, machen danach einen Rechtsbogen und sind in Ardning. Die Strecke verläuft dabei stets bergab, und nach einer kurzen Fahrt sind wir in **Selzthal** angelangt.

Deutschland

Allgäubahn: Zwei 218 (218.313 und 218.316) bringen den IC 5012 durch das Voralpengebiet im Allgäu.

Foto: Michael Beitelsmann

Deutschland berührt die Alpen zwar nur an ihren Ausläufern – vom Bodensee bis nach Salzburg, dennoch sind die Alpen im Bahnnetz präsent. Dafür sind zum einen die **Zubringerstrecken im Fernverkehrsnetz** *verantwortlich. Zum anderen hat auch in Deutschland der einsetzende Tourismus, die Hinwendung der Städter zur Natur im 19. Jahrhundert die Alpen (oder zumindest das Voralpenland) zum Ziel. So entstehen Nebenstrecken, die inzwischen manchmal nicht mehr von der DB AG bedient werden, „Bob" und „Alex" sind inzwischen teilweise dafür verantwortlich. Neue oder aufgemöbelte, teils sehr bunte Züge privater Bahngesellschaften „verbergen" sich hinter diesen Namen. Die Ziele haben sich nicht verändert. Es geht im Sommer zu kühlen Seen, in schattige Schluchten oder auf Gipfel, wie die Zugspitze, im Winter lockt der Schnee bei Pfronten oder im Oberland. Und das ganze Jahr über bietet es sich an, weiter nach Süden zu reisen: Innsbruck ruft oder Chur und all die anderen sich verzweigenden Schienenstränge zwischen Felsen und Flüssen.*

Info: Deutschland

Fläche:	357.022 km²
Einwohner:	82,441 Mio. (2001)
Hauptstadt:	Berlin
Amtssprache:	Deutsch

www.deutschland.de
www.bahn.de
http://de.wikipedia.org/wiki/Privatbahn
(viele Links zu Privatbahnen)

Tourenvorschlag 1

Durchs Voralpenland zur Mozartstadt Salzburg

Zu den wichtigsten Strecken Bayerns gehören die Verbindungen nach Österreich. Seit Ende des 19. Jahrhunderts stieg die Linie über Rosenheim nach Salzburg zur zentralen Verbindung **München – Wien** auf und nahm der Relation über Simbach den Rang einer europäischen Magistrale an. Setzen wir uns in München in einen der EuroCitys, vielleicht gar in einen der wenigen verbliebenen Züge mit Namen: den Klassiker „Wörthersee" nach Klagenfurt. Auch der legendäre „Orient-Express" benützt nächtens auf seinem langen Weg von Wien West nach Paris Est die am Alpenrand entlanglaufende Route. Die große Zeit der echten Fernzüge freilich, die Deutschland über Salzburg und die Tauernbahn mit Istanbul, Athen und Split verbanden, gehört seit den Balkan-Kriegen der 1990er-Jahre der Vergangenheit an.

Unser Zug verlässt den Hauptbahnhof in westlicher Richtung und erst nach der Donnersbergerbrücke biegt er in einer scharfen Linkskurve nach Süden und Osten ab. Gleich darauf durchfährt er den nur dem Güterverkehr dienenden Bahnhof München Süd. Ein Blick nach rechts fängt das Empfangsgebäude der ehemaligen Isartalbahn auf und schon poltert der Zug auf der Braunauer Eisenbahnbrücke über die Isar. Zuerst auf hohem Damm und Stelzen, dann im tiefen Einschnitt donnert der Zug durch das ehemalige Arbeiterviertel Giesing den weitläufigen Bahnanlagen des Ostbahnhofs entgegen.

Bevor wir mit hoher Geschwindigkeit die Stadt verlassen, huschen

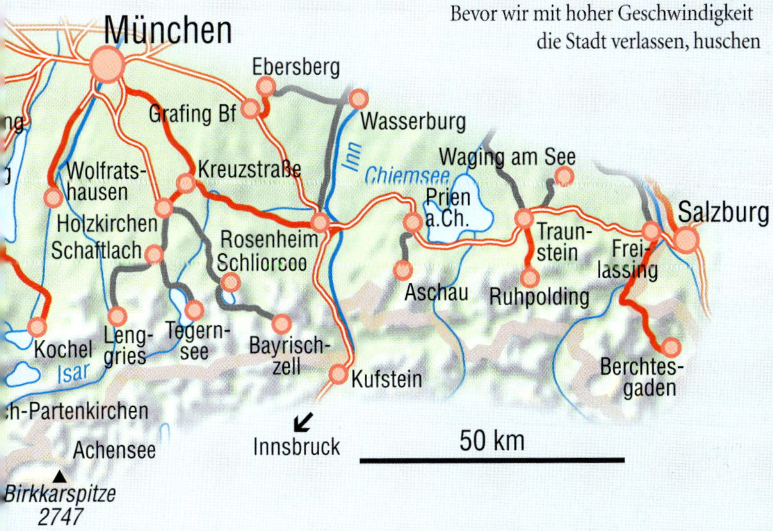

noch der einzige Betriebshof der Münchner Trambahn und das Areal des ehemaligen Bahnbetriebswerks München Ost sowie der gleichnamige Rangierbahnhof an uns vorbei. Schnurgerade geht es nun viergleisig bis Grafing Bf dahin, wo die S-Bahn nach Ebersberg abzweigt. Hüglige Landschaft säumt jetzt die kurvige Strecke und die Alpen nähern sich schnell. Lokomotiven der DB-Reihen 101, 111, 139, 152, 182, 189, Dispoloks sowie österreichische 1144er und so mancher Taurus begegnen uns. Kurz nach Ostermünchen wird das Gefälle ins Inntal spürbar. Bei den ersten Häusern von Rosenheim nähert sich die Mühldorfer Strecke. Dem geschulten Auge fällt der alte Bahndamm der Salzburger Strecke auf, die bis Ende des vorvorigen Jahrhunderts Rosenheim nördlich berührte. Der ehemalige **Lokschuppen** des ersten Depots in **Rosenheim** dient heute als Raum für bedeutende Ausstellungen. In Rosenheim zweigt eine der großen Güterzugschlagadern Europas ab, die Linie nach **Kufstein – Innsbruck – Brenner – Verona**. Ab Brannenburg rücken die Berge nahe an die Strecke heran. Das Felsenmassiv von Zahmem und Wildem Kaiser schätzen Eisenbahnfotografen als Hintergrund. Die Bahn erreicht auf deutscher Seite ohne größere Kunstbauten nach 34 km entlang des Inns die österreichische Grenzstadt **Kufstein**. Hier setzte übrigens der Vordenker des deutschen Eisenbahnnetzes Friedrich List

Die 111 020 ist am 29. Juli 2005 mit dem RE 31003 von München nach Salzburg nahe der kleinen Ortschaft Axdorf unterwegs. Foto: Uwe Miethe

München Hbf bei Nacht: Von hier starten viele Züge in die bayerischen Alpen.
Foto: Uwe Miethe

1848 seinem Leben ein Ende, weil er glaubte, seine wirtschaftlichen und politischen Ideen fänden kein Gehör. Seit gut dreißig Jahren benützen übrigens innerösterreichische Schnellzüge und sogar der berühmte „Transalpin" auf dem Weg von Westösterreich nach Wien ohne Halt auf deutschem Gebiet die Kufsteiner und Salzburger Linie. Um sich das lästige Kopfmachen in Rosenheim zu ersparen, baute man 1981 ein Verbindungsgleis knapp vor der Innbrücke, über die wir nun fahren. In Landl zweigt die elektrische Güterbahn zum Zementwerk Rohrdorf ab. Entlang des Simsees nähert sich der EC dem „Bayerischen Meer", dem Chiemsee. In **Prien** wartet neben dem DB-Bahnhof Deutschlands letzte Dampftrambahn, die Chiemsee-Bahn, mit ihrer fauchenden Lokomotive und den grünen

Grenzübertritt zweier Alpenländer bei Freilassing – EC 111 mit einem Taurus auf dem Weg von München via Tauernbahn nachh Klagenfurt. Foto: Markus Inderst

Über die Tauernstrecke ist der EC 111 unterwegs, als dieser mit einer 1116 die Saalachbrücke bei Freilassing und die Grenze zu Österreich überquert. Foto: Markus Inderst

Zweiachsern zur schaukelnden Fahrt nach Stock.
Bald führen die Gleise durch ausgedehnte Moorgebiete zwischen See und den nahen Bergrücken der Kampenwand, des Hochgern und des Hochfelln. Ab Bergen steigt die Strecke kurvenreich bis Traunstein an, wo Anschlusszüge nach Mühldorf, Waging und Ruhpolding bereit stehen. Auf einer großen Bogenbrücke rollt der Salzburger Zug über die Traun und erreicht bei einer aufgelassenen Blockstelle vor der ehemaligen Station Lauter den höchsten Streckenpunkt.
In vielen Kurven und teilweise noch unter Fahrleitungsmasten der **Reichsbahnbauart** schlängelt sich der Zug durch den

! Tipp: Chiemseebahn

Seit 1887 betreibt die Familie Fessler, Inhaberin der Chiemsee-Schifffahrt, die meterspurige Dampftrambahn von Prien zum Hafen Stock, wo die Schiffe ablegen. Länge: 1,8 km, Fahrzeit: 8 Minuten, Fahrzeuge: Bn2t/Krauss 1887 (Dampflok), B/Deutz 1962 (Diesellok als Dampflokimitat), Wagenmaterial: Zweiachser mit offenen Plattformen, Betriebszeit: ab 1. Mai samstags und sonn- und feiertags, ab Ende Mai täglich bis Ende September.

Information: Tel. 0 80 51/60 90
www.chiemsee-schifffahrt.de

sattgrünen Rupertiwinkel hinunter ins breite Tal von Saalach und Salzach. Aus dem Zugfenster schweift der Blick vom österreichischen Voralpenland bis zum markanten **Untersberg** und den **Berchtesgadener Felsbergen**. Bald rollen wir am leer stehenden Betriebswerk Freilassing vorbei.

Das Gebäude wird seit 2005 für das Deutsche Museum saniert und wird dort mehrere Museumsfahrzeuge beherbergen. Einst gaben sich dort so berühmte Lokbaureihen wie E 16, E 18, E 44.5 und E 94 ein Stelldichein.

Ab hier zweigt die 33 km lange Strecke zu den Luftkurorten Bad Reichenhall und Berchtesgaden ab. Die Hauptbahn quert kurz hinter Freilassing die Saalach und damit die deutsch-österreichische Grenze. Bis **Salzburg Hauptbahnhof** sind es noch wenige Minuten, wobei kurz zuvor ein erster Blick auf die markante Altstadt mit der Festung Hohensalzburg möglich wird.

! Tipp: Wendelsteinbahn

Von Brannenburg (Ortsteil Waching) aus erklimmt Deutschlands älteste – 1912 eröffnete – Zahnradbahn den markanten Aussichtsberg Wendelstein. Für die 7,6 Kilometer lange Meterspur-Strecke, davon 6,15 Kilometer Zahnstange System Strub, durch Wälder, Almwiesen und Felswände zum Bergbahnhof auf 1.723 m über dem Meer benötigen die modernen zweiteiligen Elektrotriebwagen 30 Minuten. Dabei überwinden sie 1.217 m Höhenunterschied. Das Depot befindet sich unweit der Talstation. Für Nostalgiefahrten stehen noch zwei Lok-Wagengarnituren aus der Entstehungszeit der Bahn bereit.

Von Anfang November bis Mitte Dezember ruht der öffentliche Verkehr.

Verkehrszeiten: DB-Kursbuch (KBS 11030)
Information: www.wendelsteinbahn.de

Moderne Triebwagen queren das Allgäu, hier VT 628.239 bei Martinszell-Kurzberg
Foto: Michael Beitelsmann

Tourenvorschlag 2

Allgäubahn

Zu den schönsten bayerischen Strecken zählt die 220 km lange Allgaubahn von **München nach Lindau über Kempten**. Da sie von Immenstadt bis zum Bodensee oft direkt an den Bergen entlangfährt, gehört sie zu den wenigen deutschen Alpenbahnen. Die ersten 88 km verläuft die zweigleisige Linie vielfach kerzengerade dahin. Bei Föhn bietet sich kurz hinter Grafrath ein erster spektakulärer Ausblick auf den lang gestreckten Ammersee und die Alpenkette. Bald darauf enden in Geltendorf Fahrdraht und S-Bahn. Dort besteht dank der Strecke **Augsburg – Weilheim** Umsteigmöglichkeit zu den Badeorten am Westufer des Ammersees. In Kaufering auf dem Lechfeld folgt schon der nächste Kreuzungsbahnhof, wo die Triebwagen nach Landsberg und Augsburg warten. Nach der Überquerung des Lechs fährt man durch flaches Land zum **Knoten Buchloe** weiter, wo von Norden her die zweigleisige Linie von Augsburg eintrifft. Hier trennen sich die Wege:
Rechts zweigt die Memminger Linie ab, die Allgäubahn wendet sich in südwestlicher Richtung unaufhaltsam den immer näher rückenden Alpen zu. Zwischen Kaufbeuren und der historisch interessanten Stadt Kempten überwindet der Zug einen Höhenrücken in zahlreichen engen Kurven.
Gegenüber des neuen Kemptner Hauptbahnhofs, der in den Sechzigerjahren den alten Kopfbahnhof abgelöst hat, befindet sich der große Betriebshof für Dieselloks

und Triebwagen, die im gesamten südwestlichen Bayern das Bild der Traktion bestimmen. Der Iller folgend eilt der Zug – übrigens auf einer der ältesten bayerischen Bahnstrecken, der **Ludwigs-Süd-Nord-Bahn** Hof – Lindau (eröffnet 1854) – nach Immenstadt, wo die Bahn nach Oberstdorf abzweigt. Die Allgäuer Alpen sind erreicht. Nur wenige Kilometer gerader Strecke liegen bis zum **Bodensee** vor den Zügen. Entlang des malerischen Alpsees erklimmt die Bahn kurz vor Oberstaufen die europäische Wasserscheide von Rhein und Donau. Hinter Hergatz, wo die Memminger Linie sich wieder einfädelt, rollt der Zug unablässig an vielen aufgelassenen Bahnstationen

Winter im Allgäu: Am 15. Februar 2003 wartet die 218 239 im tief verschneiten Oberstdorf auf ihre nächsten Einsätze.
Foto: Uwe Miethe

vorbei dem Bodensee entgegen. Kurz vor Lindau, in Aeschach mit einem netten Schrankenposten befindet sich die Abzweigung der Bodensee-Gürtelbahn und gleich danach kommt die Fernbahn aus Bregenz dazu. Gemeinsam streben alle drei Linien viergleisig über den 500 m langen Bodenseedamm in den schönen **Kopfbahnhof** der reizvollen Inselstadt **Lindau**. Dort geben sich neben deutschen Fahrzeugen auch elektrische Maschinen von ÖBB und SBB ein Stelldichein. Der Eisenbahnfreund wird sich noch für die Reste des ehemaligen Bahnbetriebswerks an der Karlsbastion interessieren, das die

Info: ALEX

Als Ersatz für die 2002 eingestellte InterRegio-Linie München – Oberstdorf bietet ein Konsortium aus Regentalbahn AG und Schweizer Euro-THURBO 9 Zugpaare als „Allgäu-Express“ (ALEX) an. Die bunten Züge, bestehend aus umgebauten DB-/DR-Wagen und „Eurorunner“-Dieselloks aus dem Siemens-Dispolok-Pool bringen Abwechslung ins Einheitsrot der DB-Regio-Flotte aus 218, 612, 628 und 642.

letzte Heimat der legendären S 3/6 war. Im nahen Hafen legen die Schiffe der Bodenseeflotte ab. Ein steinerner bayeri scher Löwe markiert die südwestlichste Ecke des Freistaats und schaut sehnsüchtig auf die Schweizer Alpen.
Zur Abwechslung nimmt man den Rückweg über Memmingen. Hinter Hergatz biegt diese Strecke ab und verlässt kurz darauf Bayern, das sie erst wieder kurz vor Memmingen erreicht. Weiterhin eingleisig geht es durch hügeliges schwäbisches Moränenland und über Mindelheim mit der Heimatburg des Landsknechtsführers Frundsberg nach Buchloe, wo der Zug sich wieder in die Allgäubahn einfädelt.
Diese hat in den letzten Jahrzehnten stark an Bedeutung eingebüßt. Nur noch ein EuroCity-Paar München – Zürich nimmt den steigungsreichen Weg über Kempten. Die drei anderen benützen wegen der geringeren Steigungen die Relation über Memmingen . Das ist auch der Grund, weshalb die DB in den nächsten Jahren diese Linie grundlegend als **Zulaufstrecke zum neuen Gotthard-Tunnel** modernisieren will, was den Formsignalen in Sontheim und Stetten die Flügel kosten wird.

Lokalbahn-Idylle: VT 628.248 bei Wertach-Haslach auf der Außerfernbahn im Allgäu
Foto: Michael Beitelsmann

Tourenvorschlag 3

Mit der Bahn ins bayerische Voralpenland

Von der Allgäubahn zweigen zwei Stichbahnen ab, die eines gemeinsam haben: Sowohl die Strecke **Marktoberdorf – Füssen** (30 km, eröffnet 1889) als auch **Sonthofen – Oberstdorf** (13 km, eröffnet 1888) gehörten zur Localbahn Actiengesellschaft, 1938 übernahm sie die Reichsbahn. Nach wie vor spielen die Strecken eine wichtige Rolle für den Fremdenverkehr.

Die Linie nach Füssen zweigt in Biessenhofen von der Allgäubahn ab. Durch fruchtbares, liebliches Voralpenland mit saftig grünen Wiesen pfeifen sich Züge über viele Bahnübergänge nach Füssen durch. Zahlreich sind die Wanderwege und Standpunkte, von denen aus man die Eisenbahn vor der spektakulären Kulisse des Säuling (2.039 m) eindrucksvoll auf den Film bannen kann. Kurz vor dem Ziel streift die Strecke den **Hopfensee**.

Ganz anders präsentiert sich die Oberstdorfer Strecke. Ab Immenstadt folgt sie eingerahmt von fast 2.000 m hohen Gipfeln der reißenden Iller, die sie mehrmals kreuzt. Über Oberstdorf ragt das felsige Nebelhorn (2.204 m) in den Himmel. Eine Seilbahn ermöglicht allen

einen Ausflug in hochalpines Gelände. In den bekannten Ferien- und Wintersportort kann mit dem ALEX aus München, RE aus Ulm und mit InterCity aus Dortmund oder aus Augsburg mit Kurswagen aus Hamburg anreisen. **Oberstdorf** ist auch Ausgangspunkt für Ausflüge ins Kleine Walsertal und zum Hauptkamm der Allgäuer Alpen.

Außerfernbahn

Wer Südbayern mit dem Zug bereist, darf die klassische Rundtour durchs Außerfern nicht versäumen. Wir starten in **Kempten**. Der Triebwagen quert gleich nach der Abfahrt auf einer Bogenbrücke die tief eingeschnittene Iller und steigt über die teilweise mit Hausstellwerken ausgestatteten Stationen St. Mang, Durach, Jodbad Sulzbrunn und Bodelsberg mit lautem Gebrumm kurvenreich bergan. Illertal und Kemptner Wald bleiben unten zurück, während sich aus dem Fenster ein wunderbarer Blick über die Allgäuer Voralpenlandschaft bis hin zu den nahen Bergen auftut. Mooriges Gelände wechselt sich mit saftigen Wiesenbuckeln ab, eine Telegrafenleitung mit ein paar Drähten begleitet abschnittsweise die Gleise. Ab Oy-Mittelberg (906 m) verliert die Strecke an Höhe. In Wertach-Haslach blinkt der **Grüntensee** herauf, kurz hinter Maria Rain rollt der Zug auf einer neuen Brücke über die Wertachschlucht dem Ferienort Nesselwang zu. Weiter geht es bergab nach **Pfronten-Ried** mit seinem barocken Zwiebelkirchturm und einem Stationsgebäude aus Naturstein. Bereits im Gebirge liegt der deutsche **Grenzbahnhof Pfronten-Steinach**. Nach wenigen hundert Metern bewegt sich der Zug in Österreich auf Reutte zu. Der Personenverkehr auf dieser österreichischen Inselstrecke wurde dort mittels Verkehrsvertrag vom Land Tirol auf die DB übertragen. In Vils sorgt ein großes Zementwerk für reichlich Güterverkehr. Ab **Reutte** (853 m), wo man umsteigt, begleiten den ET 425 bis zur Grenze bei Griesen fotogene alte Fahrleitungsanlagen. Elektrisch fährt man hier seit der Betriebsaufnahme im Mai 1913. Über Heiterwang steigt die Strecke bergan und ist bis zur Wasserscheide in Lähn (1.112 m) umrahmt von Felsbergen. Am Fuß des Daniel (2.340 m) rollt der Triebwagen auf Lermoos zu, wo das Wettersteinmassiv mit der Zugspitze ein fantastisches Panorama inszeniert. Oberhalb des Lermooser Mooses schlängelt sich die Bahn nach Ehrwald zur Loisach hinunter, deren sonnenarmes Tal den Weg durchs Gebirge bis ins bayerische Griesen bahnt. Das jetzt wieder breitere Loisachtal bietet gute Fotomotive. Bald kreuzt die meterspurige **Zugspitzbahn** auf einer Überführung und folgt parallel bis **Garmisch**.

München – Mittenwald (Karwendelbahn)

Abwechslungsreich wie die Landschaft ist auch die Geschichte der Eisenbahn von München nach Mittenwald, die in sechs Etappen entstand. Auf dem letzten Teilstück Garmisch – Mittenwald rollten erst 1912 Züge. Dafür erhielt dieses quasi als Ausgleich als erste Staatsbahnstrecke schon 1913 elektrischen Betrieb. Zwölf Jahre später spannte die Reichsbahn den Fahrdraht über die restlichen 101 Kilometer bis München. Ab Starnberg gönnt einem die Bahnfahrt Augenschmaus ohne Unterlass. Als Erstes locken an klaren Tagen Zugspitze, Wetterstein und

Regionalzug mit 113.268 im Bf Lermoos.
Foto: Markus Inderst

Münchner-S-Bahn-Flair auf der der Strecke Garmisch-Partenkirchen – München: Zwei Triebwagen der Baureihe 425 verlassen den Bahnhof Uffing am Staffelsee in Richtung bayerische Landeshauptstadt.
Foto: Uwe Miethe

Karwendel weit hinter dem langen, schmalen **Starnberger See**. Wer hier das Schiff zur lohnenden Rundfahrt besteigen will, muss in München die S 6 nehmen, da nur sie in dem Bahnhof direkt am See hält. Beachtenswert sind die Bahnhöfe **Possenhofen** und **Feldafing**, deren Architektur auf die einstigen hochadligen Besucher (Kaiserin Sissi) zugeschnitten war. Hinter Tutzing laufen eine Zeit lang die eingleisigen Linien nach Mittenwald und Kochel parallel, dann wendet sich der Zug ins Werdenfelser Land nach rechts und kurvt über einen Moränenrücken nach **Weilheim**.

Hier endet die **Ammerseebahn** von Augsburg und beginnt die Strecke in den Pfaffenwinkel nach Schongau. Durch sanfthüglige Landschaft setzt sich die Reise fort: vorbei an den Bahnhöfen

Tipp: Murnau – Oberammergau

Pionier bei der Elektrifizierung von Eisenbahnen war diese 24 km lange Bahn von Murnau in den berühmten Passionsspielort Oberammergau. Auf ihr verwendete die Lokalbahn Aktiengesellschaft ab 1905 erstmals in Deutschland Wechselstrom (5.500 V/16 Hz) zum Antrieb von Lokomotiven. 1952 stellte die Bundesbahn die Strecke auf ihr Stromsystem um. Nachdem jahrelang die legendären zweiachsigen E 69 die Herzen der Eisenbahnfreunde erfreuten, übernahmen 141er die Züge in den Ammergau. Heute verkehren dort ET 426. Sie verlassen Murnau parallel zur Hauptbahn nach Garmisch und überqueren diese kurz nach dem Haltepunkt Murnau Ort auf einer Brücke. Auf einem Bergrücken zwischen Staffelsee und Murnauer Moos verlaufen die Gleise bis hinter Bad Kohlgrub gegen Westen. Nach der Station Bad Kohlgrub Kurhaus windet sich das Gleis hinunter ins breite Ammertal. Ab Altenau strebt der Zug durch weite Moorwiesen Oberammergau zu. Wegen der alle zehn Jahre stattfindenden Passionsspiele – sie entsprangen 1673 einem Gelübde gegen die Pest – besaß die Endstation einst umfangreiche Gleisanlagen, die längst stark rückgebaut sind. Nennenswerten Sonderzugverkehr zu dem Großereignis gab es zuletzt 1960. Heute gestattet die einzig verbliebene Ausweichmöglichkeit in Kohlgrub ohnehin nur noch den Taktverkehr mit zwei Triebwagen.

In Murnau am Bahnhofsvorplatz steht die E69.04 als Denkmal.

Foto: Uwe Miethe

Die Außerfernbahn und das Wettersteinmassiv mit dem höchsten Berg Deutschlands, der Zugspitze, ist auch mit dem VT 628.0 bei Lermoos ein lohnendes Motiv.

Foto: Markus Inderst

Auf der Schmalenseehöhe zwischen Klais und Mittenwald kommt das Karwendelgebirge erst recht zur Geltung, hier eine Regionalbahn mit zwei ET 425. *Foto: Markus Inderst*

Huglfing und Uffing mit ihren Formsignalen. Schon kommt der **Staffelsee** ins Blickfeld und Murnau ist erreicht, wo die Züge nach Oberammergau starten. Richtung Garmisch geht es hinab ins Murnauer Moos. Über Ohlstadt und Eschenlohe erreicht die Bahn das Gebirge. Dem Flusslauf der Loisach folgt der Zug in den Urlaubsort **Garmisch-Partenkirchen** (708 m) am Fuß der spektakulär aufragenden **Alpspitze** (2.628 m).
Drei Möglichkeiten stehen zur Weiterreise offen: Mit der **Zugspitzbahn** auf den höchsten Berg Deutschlands, mit der **Außerfernbahn** durch Tirol ins Allgäu oder mit der Regionalbahn aus München über Mittenwald nach Innsbruck. Egal ob Wendezug mit einer 111 oder moderner 425, unterhalb des Wettersteinmassivs windet sich die Strecke nach oben.
Klais ist mit 933 m über Normalnull die höchst gelegene IC-Station Deutschlands, über Buckelwiesen nähert sich die Bahn dem Geigenbauer-Ort Mittenwald (914 m) am Karwendel. Auf den Spuren einer schon in der Antike genutzten Straße verlässt die Bahnlinie Bayern. Über die kühne Trassenführung der **Karwendelbahn** erreichen die Züge Innsbruck (siehe Seite 85).

! Tipp: Auf die Zugspitze

Schon früh entdeckten Sommerfrischler Garmisch als Urlaubsort. Da zu den Felsriesen auch Deutschlands höchster Gipfel zählt, lag es nahe, ihn für die Gäste erfahrbar zu machen. Denn wer will nicht gerne einmal in Deutschland ganz oben sein?
Auf der Adhäsionsstrecke vom Bahnhof Garmisch (705 m) bis Grainau (eröffnet 1929, 7,5 km) verläuft das Meterspurgleis ein Stück lang neben der Außerfernbahn, die sie auf einer Brücke quert, um dann über die Stationen Kreuzeck-Alpspitzbahn und Hammersbach-Höllental aus dem Loisachtal aufzusteigen.
In Grainau (751 m) heißt es meistens Umsteigen in die Zahnradtriebwagen. Auf der Zahnradstrecke (System Riggenbach, eröffnet 1930, 11,5 km) gewinnt der Zug jetzt schnell an Höhe (max. 14 % Steigung). Nach Halt am Eibsee (1.008 m) klettert die Bahn steil zur Station Riffelriss (1.640 m) hinauf, ehe sie im Tunnel (4.775 m Länge, Steigung maximal 25 %) verschwindet.
Seit 1987 liegt die Endstation nicht mehr unter dem Hotel Schneefernerhaus, sondern im neuen Gletscherbahnhof Zugspitzplatt auf einer Höhe von 2.588 m über dem Meer. Die Gesamtfahrzeit beträgt 73 Minuten. Von 8.15 Uhr bis 15.15 Uhr besteht ab Garmisch Stundentakt. Die Bayerische Zugspitzbahn wartet ihren umfangreichen elektrischen Triebfahrzeugpark (1.650 V Gleichstrom) im Depot in Grainau: Dazu gehören mehrere Loks aus der Gründerzeit sowie Zahnrad-Triebwagen und vier Doppeltriebwagen für die Gesamtstrecke.
Für 2006 sind neue Triebwagen vorgesehen.

information:
www.zugspitze.de

Einfahrt des Triebwagens 309 bei Garmisch
Foto: Markus Inderst

Integral-Gliederzug der Bayerischen Oberlandbahn in 30 Promille am „Gmunder Berg", der den Tegernsee aufstauenden Endmoräne. *Foto: Helmut Petrovitsch*

Tourenvorschlag 4

Mit der Bayerischen Oberlandbahn ins Oberland

Eine Reise ins bayerische Oberland beginnt in **München am Starnberger Flügelbahnhof**. Dort steht eine meist dreiteilige Garnitur von Dieseltriebwagen des Typs Integral bereit: Der vorderste Triebzug fährt nach Bayerischzell, der mittlere nach Lenggries und der hintere nach Tegernsee. Seit Ende 1998 betreibt die Bayerische Oberlandbahn, die zu Connex gehört, den Betrieb auf den drei Strecken zu den beliebten Ausflugszielen der Münchner.
Nach der Abfahrt legt der stündlich im Takt verkehrende Zug einen Halt an der Donnersbergerbrücke ein, ehe er die Gleise der westwärts führenden Linien unterquert. In Mittersendling befindet sich einer der letzten kleineren Güterbahnhöfe Münchens. Vor einem großen Lagerhaus werden regelmäßig Bananen-Kühlwagen entladen.
Mit beachtlicher Geschwindigkeit donnert die Garnitur über die 35 m hohe **Großhesseloher Brücke**, die das Isartal überspannt, und durch die ausgedehnten Forstgebiete der Münchner Schotterebene nach Holzkirchen.
Dort endet die S-Bahn und beginnt die elektrifizierte **Mangfallbahn** nach Rosenheim. Auf diesem Weg fuhren von 1858 bis 1871 die Züge von München nach Salzburg, ehe die Strecke über Grafing gebaut wurde. Heute verkehren dort Elektrotriebwagen der Reihe 425 als Regionalbahn.

Der Bayrischzeller Flügel

Fürs Auge versprechen die Strecken nach Lenggries, Tegernsee und Bayerischzell viel mehr. Dorthin setzt sich in Holzkirchen der Erste der drei Integrale in Bewegung. Nach kurzem Aufenthalt in Darching schlängelt sich das fünfgliedrige Fahrzeug am Fuß des Taubenbergs entlang, von dem die Münchner ihr Trinkwasser zapfen, ins Mangfalltal hinab und folgt dann begleitet von einer schönen Telegrafenleitung der Schlierach. Dabei präsentiert sich ein Betonaquädukt als interessantes Motiv.

Über Miesbach (Stellwerke, Formsignale) erreicht der Zug in Hausham den Nordrand der Alpen. Hier baute man von 1860 bis 1966 bayerische Pechkohle ab. Von den umfangreichen Gleisanlagen ist nichts mehr geblieben, an das Bergwerk erinnert noch ein Förderturm. Nächste Station ist der Kopfbahnhof **Schliersee**, von 1869 bis 1911 Endpunkt. Lokschuppen und Drehscheibe sind längst verschwunden, der Verkehr wird auf drei Gleisen abgewickelt.

Zwischen dem Münchner und Bayrischzeller Gleis steht das wohl letzte **Krauss-Stellwerk** Deutschlands. Zusammen mit den Flügelsignalen und einem spitzen Kirchturm im Hintergrund bietet das holzverkleidete Gebäude ein hübsches Motiv. Den Streckenabschnitt ab Schliersee eröffneten die KStB erst 1911 – als Nebenbahn. In einem weiten Bogen verlässt der Zug den Kurort und fährt am Westufer des **Schliersees** entlang. Hinter dem Bahnhof Fischhausen-Neuhaus verläuft die Strecke im Leitzachtal, das Wendelstein, Traiten sowie der breite Rücken des Hochmiesing einrahmen.

Vor Osterhofen spannen sich die Drähte der **Wendelstein-Seilbahn** über die Gleise. Zur Talstation führt ein kurzer Fußweg. Für den Oberlandzug sind es nur noch wenige Minuten zum Ferienort

Drei Integral-Triebwagen der Bayerischen Oberland Bahn überqueren am ungewöhnlich warmen 1. November 2001 die Großhesseloher Brücke im Süden von München auf ihrer Fahrt nach Holzkirchen. Foto: Uwe Miethe

Bayrischzell mit seinem anmutigen Stationsgebäude im alpenländischen Stil.

Zum Tegernsee

Ab Holzkirchen steigt die Strecke bis Schaftlach mäßig an. In Schaftlach kuppelt sich der hintere Integral ab und rollt entgegen der bisherigen Fahrrichtung auf den Gleisen der 12 km langen **Tegernseebahn AG** (TAG) – einer Privatbahn, die bis 1999 eigene Loks und Wagen besaß – Richtung Gmund.
Vor dem dortigen Bahnhof, in dem der Gegenzug kreuzt, geht es steil zum See hinab. Wenn an manchen Sommersonntagen auf der Tegernseebahn Sonderzüge mit der ehemaligen TAG 7 dampfen, hallt der Auspuffschlag von den Bergen wider (Information: www.localbahnverein.de). Nachdem die Mangfall auf einer Bogenbrücke überquert ist, strebt der Zug zwischen dem Ostufer des Sees und dem beliebten Hausberg Neureut zum schmucken Endbahnhof Tegernsee, Ausgangspunkt für schöne Bergtouren.

Ins Isartal nach Lenggries

Nach der Abfahrt aus Schaftlach gleitet der Blick auf die nahen Berge, ehe der Zug nach dem Bahnhof Bad Tölz ins breite Tal der Isar einbiegt. Die Verlängerung nach Lenggries wurde erst 1924 eröffnet, was man unschwer am Stil des dortigen Stationsgebäudes erkennt.
Hier baute 1998 die Bayerische Oberlandbahn ein modernes Depot für ihre Integral-Flotte. Für Ausflügler bietet sich eine **Seilbahnfahrt aufs Brauneck** an, Radfahrer können entlang der Isar nach München heimstrampeln.

Frankreich

ALe724 076 der italienischen Staatsbahn quert den Viadukt von Vernante.
Foto: Christian Wenger

Frankreich, das war und ist Traditionsbewusstsein und Modernismus in einem. *Und so stehen Bahnstrecken, die noch so aussehen wie vor vielen Jahrzehnten, neben dem Hochgeschwindigkeitsnetz des TGV. Dieses Netz spiegelt eine andere Eigenheit der „Grande Nation" wider, den Zentralismus. Paris ist der Mittelpunkt Frankreichs – und der große Knoten der Hochgeschwindigkeitsstrecken. Das Land ist vielfältig. Zwischen Ärmelkanal, Atlantik und Mittemeer gibt es alles, was das Herz begehrt, weite Ebenen, zerklüftete oder sanft wellige Hügel und Berge vom eher regnerischen Norden bis zum sonnenverwöhnten Süden. Und eben auch einen nicht zu kleinen Anteil an den Alpen. Hannibal durchquerte sie. Napolen auf dem Weg nach Italien, seiner ersten großen Eroberung. Und die Eisenbahn …*

i Info: Frankreich

Fläche:	543.965 km²
Einwohner:	59,344 Mio. (2002)
Hauptstadt:	Paris
Amtssprache:	Französisch

www.botschaft-frankreich.de
www.franceguide.com
www.voyages-sncf.com

! Bahn-Tipp: Chamonix

Eine Besonderheit im Streckennetz der SNCF stellt die Bahnlinie von St. Gervais über Chamonix ins schwerizerische Martigny dar. Die Fahrzeuge werden mit 850 Volt Gleichstrom betrieben und über eine Stromschiene gespeist. Auf der 55 Kilometer langen Meterspur-Strecke steigt die Bahn von 580 bis auf 1.880 Meter an, wobei sie Steigungen bis zu 90 Promille im Adhäsionsbetrieb überwindet. Bei Chamonix passieren die Züge den Mont Blanc, den mit 4.808 Metern höchsten Berg Europas.

Lausanne
Nyon
Evian-les-Bains
Lausanne
St-Gingolph
Aigle
Le Léman
(Genfer See)
Genève
Annemasse
SCHWEIZ
Champéry
Brig
Martigny
Le Châble
La Roche
Orsières
Annecy
Matterhorn
4478
Chamonix-Mont Blanc
St-Gervais-les-Bains-
Le Fayet
Mont Blanc
4807
Pré-St-Didier
Aosta
ains
Albertville
St-Pierre-
d'Albigny
Bourg-St-Maurice
Isère
Gran Paradiso
4061
Chambéry
Ivrea
Pont Canavese
Grande Casse
3852
Allevard
Pointe de
Charbonnel
3752
Rivarolo Canavese
Novara/Milano
Ceres
Germagnano
Chivasso
Modane
Grandes Rousses
3468
Bussoleno
Tunnel de Fréjus
1295
Susa
Po
renoble
FRANKREICH
ITALIEN
Torino
la Mure
Barre des Écrins
4102
Briançon
Pinerolo
de la
ix Haute
Torre
Pellice
Po
Bra
Saluzzo
Savigliano
Monviso
3841
Gap
Fossano
Mondovì
Cuneo
Ceva
Genova
Durance
Cima
dell'Argentera
3297
Punta
Marguareis
2651
Genova
1048
Tunnel du
Col de Tende
Ormea
teron
Var
Digne
Breil-sur-Roya
Imperia
San Remo
Ventimiglia
Var
Monaco
Nice
nce/
50 km
Mittelmeer
Cannes
Marseille

Der x351 der schmalspurigen CP (Chemins de Fer de Provence) quert auf etwa der Hälfte seiner 150 km langen Fahrt den Viadukt von Moriez. *Foto: Christian Wenger*

Tourenvorschlag 1

Die Strecke von Nizza nach Digne

Die Strecke Nizza – Digne ist eine der letzten Schmalspurbahnen mit 1.000 mm Spurweite. Sie gehörte einst zum ehemaligen Schmalspurnetz **„Chemins de Fer du Sud de la France“** und ist eine der wenigen Strecken, welche noch nicht von der SNCF betrieben werden. Die Linie ist 150 km lang und stellt auch heute noch eine Konkurrenz zum Individualverkehr dar, weil sie einerseits für die Anwohner eine günstige Verbindung darstellt und andererseits für Eisenbahnfreunde und Touristen eine abwechslungsreiche Fahrt in einer sehr reizvollen Landschaft darbietet. Obwohl die Gegend touristisch sehr attraktiv ist, beträgt der Anteil der Touristen nur rund 20 % des Fahrgastaufkommens. Urlauber sollten sich jedenfalls vor Ort erkundigen, an welchen Sonntagen Dampfsonderzüge unterwegs sind. Das reizvolle an dieser Strecke ist, dass fast die gesamte Strecke in Tälern verläuft, die verschiedene provençalische Ströme in den Fels gegraben haben. Dabei stoßen wir gleich auf fünf verschiedene Flussläufe, welche beiderseits von Bergen gesäumt sind. **Auf unserer Fahrt von der Mittelmeerküste bis zu den Lavendelfeldern von Digne** überqueren wir an zahlreichen Stellen etliche Kunstbauten. Wir folgen auf unserer Reise dem ersten Fluss, dem Var und folgen ihm bis Colomars. Obwohl der Ort schon auf 62 m Meereshöhe liegt, ist immer noch die Meeresluft spürbar. Unweit der sanften Hügel gedeihen dort Oliven, und wir sind bald in La Vésubie auf 135 m Seehöhe, wo der gleichnamige Fluss in den Var mündet. Ein Rund-um-Blick lässt erkennen, dass wir nun in einem Gebirgstal sind.

Wir bewegen uns auf ein verengtes Tal zu, dessen Verlauf sich sehr schluchtartig darstellt. Immer höher ragen die angrenzenden Gipfel empor. Durch zahlreiche Tunnel werden die in die Trasse ragenden Felsvorsprünge überwunden. Einige Male kreuzen wir auch den Fluss. Hinter La Tinée beschreibt dieser eine Schleife, die von der Bahn im 934 m langen Tunnel de la Mescla abgekürzt wird.
Vor Villars-sur-Var – wir befinden uns schon auf 259 m Seehöhe – verläuft die Trasse in einer weiten Linkskurve.
Die Strecke wendet sich nun Richtung Westen, das Flusstal verbreitert sich. Bevor wir bei Pont de Gueydan den Var verlassen, macht unser Zug in Entreveaux einen Halt. **Entreveaux** wurde im 11. Jahrhundert gegründet und liegt schon auf 515 m Seehöhe. Hier erheben sich mächtige Befestigungsanlagen aus der Zeit des Krieges zwischen Frankreich und Savoyen. Auf einem Felsen, 135 m über dem Städtchen, thront eine Zitadelle.
Wir erreichen nach rund 70 km Fahrt die Vaire, den Beginn des zweiten Flusstales. Dabei gilt es, auf 20 km fast 500 Höhenmeter zu überwinden. Auf 705 m liegt Annot, und wir bereisen nun den jüngsten Streckenabschnitt. Die Strecke von Nizza nach Annot sowie von Digne nach St.-André-les-Alpes wurde bereits 1885 erschlossen, während der vor uns liegende zwischen 1890 bis 1894 erbaut und erst 1907 in Betrieb genommen wurde. Die späte Inbetriebnahme war durch das unwegsame Gelände über die Colle St. Michel bedingt, das durch den Bau der Bahn erschlossen wurde.

Bei Le Fugeret auf 838 m Seehöhe befindet sich zu diesem Zweck eine doppelte Kehrschleife mit zwei Wendetunnels. Der Tunnel de Notre Dame ist 191 m lang, der Tunnel du Fugeret gar 509 m, wodurch die Strecke 3 km „künstlich" verlängert wurde. Kurz hinter der stillgelegten Haltestelle Peyresc erreichen wir auf 1.013 m Seehöhe das Ostportal des 3.457 m langen Tunnel de la Colle St. Michel.
Der Scheitelpunkt dieser Gebirgsbahn liegt 9 m hinter dem Westportal auf 1.022 m Seehöhe. Gemeinsam mit dem Fluss hält sich die Strecke nun in südlicher Richtung und fällt bis nach **St.-André-les-Alpes** auf 908 m Seehöhe ab. Wir stoßen hier auf den Verdon, welcher zum Lac de Castillon aufgestaut wurde. Nach weiteren 10 km Fahrt erreichen wir weiter südlich einen der schönsten Nationalparks von Frankreich.
Die reißenden Fluten des **Verdon** durchlaufen hierbei eine tiefe Schlucht. Es ist dies für waghalsige Kanufahrer und Naturfreunde ein beliebtes Ferien- und Ausflugsziel. Mit dem Passieren des 1.195 m langen **Tunnel du Col de Moriez** stoßen wir auf den zweiten Scheitelpunkt auf 940 m Seehöhe der Strecke. Die Strecke wendet sich nun wieder gegen

„Autorail" XR 303 der Provence-Bahn bei Entrevaux Foto: Helmut Petrovitsch

Westen und verläuft nach seiner Durchquerung nur noch bergab. Von Moriez bis Mézel (liegt auf 612 m) begleitet der Zug nun die Asse. Wir erreichen bald Barrême und von hier folgt die Strecke bis Digne der **Route Napoléon**. Sie erinnert an den Rückmarsch Napoleons von seinem Exil auf Elba nach Paris.
In Digne endet die Strecke mit der Einfahrt in das Bléone-Tal.
Die Stadt liegt auf 595 m Höhe und ist heute ein Thermalkurort, wie das ihr Name **„Digne-les-Bains“** auch verkündet. Digne ist außerdem das Zentrum des für die Provence so typischen Lavendelanbaus. Zu bedauern ist nur, dass die SNCF die Verbindung zur Strecke Sisteron – Veynes eingestellt hat. ■

Tourenvorschlag 2

Tendabahn (Nizza – Breil-sur-Roya – Cuneo)

Die Tendabahn hat eine sehr bewegte Geschichte zu erzählen. Als grenzüberschreitende Bahnlinie war sie historisch betrachtet auch in so manche sinnlose Kriegsauseinandersetzung verwickelt, wovon heute noch zahlreiche „Ruinen“ entlang unserer Reise zeugen werden. Baubeginn der interessanten Bahnlinie war im April 1883, und es dauerte immerhin bis 1913, bis die Bahn durchgehend befahrbar war. Ein jähes Ende schien aber mit dem Ausbruch des zweiten Weltkrieges zu sein, nachdem italienische Wachverbände voreilig im Jahre 1939 die Sprengung der

Der Aln664 1204 befährt einen hoch im Steilhang liegenden Abschnitt der Tendabahn vor der Kulisse des Ortes Saorge.
Foto: Christian Wenger

Der nördliche Abschnitt der Tendabahn von Cuneo nach Limone ist auch heute noch elektrifiziert. Der Dieseltriebwagen Aln663 1166 quert den Viadukt von Vernante. *Foto: Ch. Wenger*

Galleria Formentina (bei Piena) vornahmen. Weitere Zerstörungen waren jedoch auch während des gesamten Zweiten Weltkrieges zu verzeichnen, sodass es schließlich bis zum 6. Oktober 1979 gedauert hatte, dass die Strecke wieder durchgehend befahrbar wurde.
Wir beginnen unsere Reise im italienischen **Cuneo** und bereisen zunächst eine wildromantische Berglandschaft, durch die sich unsere Bahnlinie schlängelt. Wir befinden uns auf der Nordrampe bis nach **Limone**, dem einzigen Teil der Tendabahn, welcher elektrifiziert ist. Die eigentliche Steigung von 26‰ beginnt in Vernante auf rund 800 m Höhe, danach passieren wir bis Limone zahlreiche kurze Brücken, Tunnels sowie den 1.503 m langen **Vernante-Kehrtunnel**, mit dessen Hilfe wir an Höhe gewinnen. Auf dem Weg dorthin passieren wir auch den 233 m langen **Viadotto Rivoira** mit seinen 15 Bögen, von denen einer eine Spannweite von 23 m hat und die übrigen Bögen 15 m aufweisen.
Wir erreichen bald den Grenzbahnhof Limone auf 1.009 m Meereshohe.
Von nun verläuft die Bahn nach Vievola im 8.099 m langen **Grenztunnel (Tunnel du Col de Tende)** und erreichen das französische Vième. Wie alle längeren Tunnels entlang der Tendabahn ist auch dieser zweigleisig errichtet worden. Im Tunnel überqueren wir einerseits den Scheitelpunkt und andererseits die sich seit 1947 hier befindliche Grenze zwischen Frankreich und Italien.
Vievola befindet sich nur mehr auf 973 m Seehöhe und vor uns beginnt der Aufstieg durch das Roya-Tal. Das **Roya-Tal** wird durch zahlreiche Kunstbauten gesäumt, und auch sie zeugen von der sinnlosen

Ein EAD x4300 der SNCF auf dem Viadukt von Tende *Foto: Christian Wenger*

Gewalt des Zweiten Weltkrieges. Erwähnenswert ist vor allem der 88 m lange **Viaduc de la Chapelle** mit seinen 15 m weiten Bögen, welcher sowohl von den Partisanen als auch von den Deutschen zerstört wurde. Das Viadukt wurde 1976 endgültig gesprengt und durch einen Neubau aus Beton ersetzt. Auf unserer Reise nach Tende durchfahren wir noch zwei interessante Tunnel, den **Tunnel de Branego**, einen 1.273 m langen Kehrtunnel, und den 1.468 m langen **Cagnolina-Tunnel** als Kehrschleife. Kurz danach fahren wir auf das 822 m hoch gelegene Tende ein, dem Endpunkt der Nordrampe der Tendabahn, wo zugleich auch die Südrampe beginnt. Baubeginn der Südrampe war 1908, fertug gestellt wurde sie erst am 30. Oktober 1928. Sie stellt die Verbindung nach **Ventimiglia** dar.

In Tende grenzt der **Parc Nationale du Mercantour** an, der allemal einen Abstecher wert ist. Auf seinen Lehrpfaden können Felsbezeichnungen aus der Bronzezeit besichtigt werten. Hinter dem Städtchen Tende erhebt sich imposant der 191 m lange **Viaduc du Tende**. Er ist eines der wenigen Brückenbauwerke, die unversehrt geblieben sind und besteht aus 13 Bögen.

Der Natur abgetrotzt scheint jeder Meter der nun folgenden Strecke über La Brigue und St. Dalmas-de-Tende bis nach Fontan-Saorge, das auf nur mehr 488 m Seehöhe liegt, zu sein. Zur Bewältigung des Gefälles dienen eine Kreiskehre (**Tunnel de Rioró**, 1.828 m), eine Doppelkehrschleife (**Tunnel de Biogna**, 1.154 m und **Tunnel de Porcarezzo**, 1.250 m) sowie ein weiterer Kehrtunnel (**Tunnel de Berghe**, 1.884 m). Der von uns nun befahrende Streckenabschnitt ist jener Teil, der durch die Kriegswirren am meisten in Mitleidenschaft gezogen wurde. Leider existieren heute viele der sehr schönen Kunstbauten nicht mehr. Im malerischen Ambiente befinden sich die Dörfer Fontan und Saorge zu beiden Seiten der Roya. Alte Kirchtürme überragen die schmalen grauen Häuschen. Bis nach Breil verläuft die Trasse der Tendabahn nun etwas ruhiger. Auch die Rekonstruktion des Viaduc de Saorge erforderte alle Mühen, um den 60 m tiefen Abgrund zu überwinden. Ein Teil der Bahntrasse zwischen Saorge und Breil wurde 1966 völlig entfernt, um damit eine Notstraße zu errichten. Lange dauert es nicht mehr, und wir erreichen nach der Überquerung des 62 m langen Viaduc de la Maglia alsbald Breil.

In **Breil** besteht nun die Möglichkeit, entweder die Reise weiter entlang der Südrampe nach Ventimiglia oder aber nach Nizza fortzusetzen. Beide Strecken finden ihre Fortsetzung in Tunnels, die sich kurioserweise zweimal kreuzen. Dabei unterquert der 1.186 m lange und Richtung Ventimiglia führende **Tunnel de Gigne** den 916 m langen **Tunnel de Caranca**. Auf unserem Weg ans Mittelmeer nach Ventimiglia passieren wir nochmals eine Reihe von Tunnels und Brücken. Dabei befahren wir auch den noch im Originalzustand befindlichen, 270 m langen und mit 17 Bögen errichteten **Viaduc des Eboulis**. So bemerkenswert dieses Bauwerk heute noch ist, leider verunziert es heute eine nebenbeiführende Straße. Es dauert nicht mehr lange, und wir passieren die stillgelegte Haltestelle Piena, es folgt dann die Galleria Fanghetto und wir wechseln abermals die Grenze, bevor unser Zug in **St. Michele** wiederum in Italien hält. Der darauf folgende, 75 m lange Viadotto di San Michele ist wiederum ein „Kriegsopfer“. Das Viadukt wurde nach der Sprengung im Jahre 1944 durch die Deutschen wiederum aus Beton nach

altem Muster errichtet, wobei eine originale Stützmauer Verwendung fand. Hinter **Airole** werden erneut einige Kunstbauten überquert, bevor wir dann endgültig die erste Brise Seeluft einatmen können. Von hier dauert es nicht mehr lange, und wir erreichen Ventimiglia.
Die Tendabahn führt aber nicht nur in die italienische Küstenstadt, sondern von Breil zweigt die ebenfalls sehr reizvolle Strecke **an die Côte d'Azur nach Nizza** ab. Allerdings müssen entlang dieser Strecke zahlreiche streckenbedingte Langsamfahrstellen in Kauf genommen werden. Dafür gibt es umso mehr zu entdecken: Nicht nur Eisenbahnfans werden Gefallen an der einzigartigen Konstruktion des 125 m langen **Viaduc de la Bevara** finden: Auf vier Bögen mit einer Weite von jeweils 8 m folgen zwei 45 m lange Metallträger, die auf einem querstehenden Bogen ruhen. Es folgt dann nach Sospel der **Tunnel du Col de Braus**. Es ist dies der mit 5.983 m der längste Tunnel auf französischen Boden. Hinter dem Ort L'Escarène ragt der 225 m lange **Viaduc de l'Escarène** mit seinen elf Steinbogen zu 15 m empor. Seine schlanken Pfeiler und die weiten Öffnungen bieten heutzutage eine großartige Fotokulisse, der wie ein Wunder den Zweiten Weltkrieg überstanden hat.
Auch der **Viaduc de l'Ebossiera** sollte auf unserer Reise nicht unbeachtet bleiben, gleicht dieses Bauwerk doch in seiner Bauweise dem zerstörten Viaduc de Scarassoui. Auf unserer Weiterfahrt bis nach Nizza sind die Anhöhen, die an das Paillon-Tal angrenzen, übersäht mit pittoresken Dörfern. Jedes dieser Dörfer ist dabei einen Ausflug wert. Die Strecke verliert aber sehr an Höhe und wir streben dann der Mittelmeer-Metropole Nizza entgegen, deren Anblick große Lust auf einen ausgedehnten Urlaub in mediterraner Gegend macht. ■

Das einzige lokbespannte Zugpaar auf der Tendabahn wurde lange Jahre von einer italienischen Br 445 geführt. Der Zug verlässt den namengebenden Ort Tende (heute zu Frankreich gehörend) in Richtung Ventimiglia. *Foto: Christian Wenger*

Touristikbahn La Mure: NStCM-Garnitur aus dem Schweizer Jura *Foto: Helmut Petrovitsch*

Tourenvorschlag 3

La Murebahn

Die La Murebahn ist heute eine weit bekannte Touristenbahn in den französischen Alpen. Aber auch normale Urlauber oder auch Eisenbahnromantiker werden von dieser Strecke begeistert sein.

Die rund 30 km lange Strecke, die in Meterspur betrieben wird, wurde 1888 eröffnet und weist neben einer atemberaubenden Landschaft zahlreiche technische Herausforderungen auf. Nicht weniger als **142 Kunstbauten** werden dabei überwunden, wobei Tunnel und Brücken eine Überwindung der Schwindel erregenden Drac-Schlucht ermöglichen. Ein besonderes Kennzeichen der La-Murebahn sind die zahlreichen Gleisbögen, deren kleinster Radius allemal 100 m ist. Auf 25 km Streckenlänge werden immerhin 610 Höhenmeter überwunden, wobei die maximale Steigung 27,5 ‰ ausmacht. Ausgangspunkt der La-Murebahn ist **St.-Georges-de-Commiers**, das entlang der Croix-Haute-Ligne liegt.

Hinter St.-Georges-de-Commiers folgt die La-Murebahn zunächst dem Lauf des Drac. Es eröffnet sich sehr bald der Anblick der beiden Stauseen, dem Lac de Notre-Dame-de-Commiers und dem Lac de Monteynard. Tiefblau schließen sich beide Seen an die direkt steil aufragende Felswände an. Nach gut 16 km Fahrt – bei La Motte-les-Bains – verlassen wir den Flusslauf des Drac, und es erwartet uns ein spektakulärer Streckenabschnitt.

Dabei handelt es sich um die Luollaviadukte und den dazwischenliegenden Tunnel de la Tuilerie.
Die ganze Anlage befindet sich in einer einzigen Kehrschleife. Die Brücken liegen quasi übereinander. Zunächst überfährt unser knallroter Museumszug den Unteren Luollaviadukt. Er ist 35 m hoch und 76 m lang und hat drei Bögen. Sogleich geht es direkt in den 136 m langen Kehrtunnel, der kräftig an Höhe erreicht.
Nach dem Verlassen des schwarzen Lochs erreichen wir dann den Oberen Luollaviadukt mit seinen sechs Bögen. Er ist etwas mächtiger als sein kleinerer Bruder und weist eine Höhe von 38 m und eine Länge von 113 m auf.
Hinter la Motte-d'Aveillans überqueren wir nach 25 km den längsten der insgesamt 18 Tunnel. Der **Tunnel de la Festinière** ist 1.071 m lang. Mit der Rückkehr ans Tageslicht ist der Scheitelpunkt auf 925 m Seehöhe überwunden. Ab hier sind es nur mehr fünf km bis nach La Mure, das sich auf 865 m Seehöhe befindet.
Zwischen La Motte-les-Bains und La Mure liegen westlich unser Strecke die Vercors-Alpen. In der Mitte ragt der 2.086 m hohe Mont Aiguille empor. Das Felsplateau mit fast senkrechten Abstürzen ist ein gewaltiges Naturjuwel. Besonders eindrucksvoll ist auch der 2.790 m hohe Obiou als Hauptgipfel der Devoluy-Alpen südlich von La Mure.
Die Fahrt entlang der La-Murebahn dauert rund zwei Stunden.
Zahlreiche Fotohalte ermöglichen auch das Festhalten der eigenen persönlichen Erinnerungen an diese aufregende Bahnfahrt in die pittoresken französischen Alpen. ■

Tourenvorschlag 4

Aspres-sur-Buëch – Gap – Briançon (Veynes – Briançon)

Ausgangspunkt unserer Reise ist das auf 814 m Meereshöhe gelegene **Veynes**. In Veynes laufen aus allen Himmelsrichtungen Bahnlinien zusammen. Aus südlicher Richtung kommt die Strecke von Marseille, welche in den Norden als Croix-Haute-Ligne nach Grenoble führt. Über den weiter westlich gelegenen Col de Cabre treffen Züge aus Livron ein. Nach gut 26 km erreichen wir die erste „Perle" auf unserer Fahrt nach Briançon: Die Départements-

Nur die Kirche erinnert noch an das alte Dorf Les Bernards, das beim Fluten des Lac de Serre-Ponçon Anfang der 1960er Jahre aufgegeben wurde. Der von einer BB67000 geführte Zug passiert auf seiner Fahrt von Briançon nach Marseille das gesamte Nordufer des großflächigen Stausees. *Foto: Christian Wenger*

hauptstadt **Gap**. Gap ist auf einer Seehöhe von 743 m situiert, zählt mehr als 35.000 Einwohner. Auch Gap liegt auf der **Route Napoleons**.

Die nächste Sehenswürdigkeit ist der **Lac de Serre Poncon** hinter der Station Chorges. Der See erstreckt sich mit seinem tiefblauen Farbton auf einer Länge von ca. 20 km und einer Breite von rund 3 km. Auch dieses Juwel wurde von Menschenhand geschaffen, denn seit 1960 wird die Durance von einer 123 m hohen Staumauer zu einem See aufgestaut. Die Strecke verläuft nördlich des Stausees, und bei Embrun mündet die Durance in den Stausee. Die Stadt **Embrun** ist zwar einwohnermäßig mit ca. 6.000 Einwohner relativ klein, doch empfiehlt es sich hier, eine kleine Pause einzulegen. Denn dort steht nämlich die schönste Kirche in der Dauphiné-Region. Das romanische Bauwerk aus dem 12. Jahrhundert ist bereits von weitem sichtbar. Hinter der eindrucksvollen Fassade aus schwarzen

und weißen Steinquadern verbirgt sich eine dreischiffige Basilika von 52 m Länge. Die Orgel sowie die Wandmalereien und das Radfenster stammen aus dem 15. Jahrhundert.
Im weiteren Verlauf steigt die Strecke nun unaufhörlich entlang der Durance. Das Flusstal nimmt zunehmend die Formen einer Schlucht an, Tunnels und Brücken sind nötig, um das felsige Gelände zu bezwingen. Die maximale Steigung beträgt immerhin 25 ‰. Linkerhand ragen ja fast schon majestätisch die Gipfel des Massif des Écrins empor. Der 4.102 m hohe Barre des Écrins ist der südlichste Viertausender der Alpen. Der **Parc National des Écrins** präsentiert sich noch in all seiner Ursprünglichkeit, ist er doch längst nicht so von Alpinisten überlaufen, wie viele andere Regionen der Alpen. Die Bahnlinie verläuft indessen im Tal. Zweimal überquert sie vor Argentière die Durance. Sehr bald erreichen wir die beiden Ortschaften Châteauroux und La Roche-de-Rame. Leider sind beide Bahnhöfe schon geschlossen, doch gelten auch diese beiden kleine Orte wegen ihrer traumhaften Lage in der französischen Gebirgswelt als wahre Schmuckstücke. Nun dauert es nicht mehr lange, und wir erreichen den Endpunkt unserer Fahrt, **Briançon**. Briançon liegt immerhin auf einer Meereshöhe von 1.200 bis 1.326 m. Von hier aus ist die Weiterreise leider nur mehr mit dem Auto möglich. Allerdings empfiehlt es sich, auch diesen interessanten Ort zu besichtigen, immerhin befinden wir uns in der höchst gelegenen Stadt Frankreichs. Wegen ihrer strategischen Lage am engen Zugang ins Durance-Tal erhielt sie im 17. Jahrhundert Festungsanlagen, die von dem Baumeister Vauban unter König Ludwig XIV. entworfen wurden. Markant ist vor allem die dreifache, unüberwindbare Ringmauer um den Altstadtkern, an der sich selbst die österreichische Armee trotz ihrer Übermacht die Zähne ausgebissen hatte.

SNCF X 73637 und 73712 in Aspres-sur-Buëch. Foto: Michael Beitelsmann

Der aus zwei „Walfischen/Baleine" gebildete Zug von Gap hat die Passhöhe des Col de la Croix-Haute fast erreicht, um anschließend durch das weitläufige Tal nach Grenoble hinabzurollen. *Foto: Christian Wenger*

Tourenvorschlag 5

Aspres sur Buëch – Grenoble („Croix-Haute-Ligne")

Der Reisende erlebt auf der Croix-Haute-Ligne den Übergang der französischen Alpen in den südlichen, mediterranen Teil des Landes. Auf faszinierende Weise wandelt sich das Gesicht der Landschaft während man von **Grenoble nach Sisteron** unterwegs ist. Die Croix-Haute-Ligne ist Teil des Konzeptes einer Nord-Süd-Transversale, die **Lyon mit Marseille** verbinden sollte. Wegen ihrer Trassierung durch die französische Gebirgslandschaft wurde sie als „Ligne des Alpes" genannt. Wer an einem aufregenden Reiseerlebnis interessiert ist, der sollte die Croix-Haute-Ligne bereisen. Die ersten 20 km, also der Streckenabschnitt von Grenoble bis Vif, haben noch keinen Gebirgsbahncharakter. Bis zum 316 m hoch gelegenen Vif werden nur rund 100 m Höhenmeter überwunden. Dieser Streckenabschnitt wurde 1876 eröffnet. Er folgt dem Lauf des Drac und somit der ursprünglich geplanten Trassierung. Die damalige PLM, die die Strecke zwischen 1869 und 1874 erbaute, wollte die Trasse ursprünglich am Drac entlang bis nach Gap führen. Ein Überbleibsel dieses Plans stellt die **La Mure-Bahn** dar, deren Ausgangspunkt St. Georges de Commiers, auch unsere Bahnlinie ist.

Es folgt nun der rund 90 km lange Streckenabschnitt Vif – Veynes. Die schwierige Trassenführung durch die Dauphiné-Alpen erforderte eine längere Bauzeit – erst 1878 konnten in diesem Streckenteil Züge verkehren. Der Scheitelpunkt wird nach gut 54 km erreicht und befindet sich auf 1.176 m im 135 m langen **Tunnel de la Croix Haute**. Zahlreiche Kunstbauten waren notwendig, um die Steigungen bis dorthin zu bewältigen. Gleich hinter Vif liegt eine doppelte Kehrschleife, welche im 1.175 m langen **Grand Brion-Tunnel** endet. Wir haben dann bei Monestier de Clermont eine Höhe von 746 m erklommen. In Serpenti-

! Tipp: Chambéry – Albertville („La Tarentaise")

Albertville ist einer der bekanntesten französischen Skiorte – und er ist mit dem TGV zu erreichen. Allerdings wurde Albertville in den vergangenen Jahrzehnten mit teils hässlichen Bettenburgen die Alpenromantik gründlich ausgetrieben. Dennoch, die Natur ist großartig: Mit 90 km² Gletscher und Berggipfeln von 3.500 m Höhe sind die Bedingungen für alpinen Wintersport ideal. Praktisch also, dass der umweltbewusste Reisende auf der Tarentaise-Linie die weißen Höhen auch mit der Eisenbahn erreichen kann. Die Züge verkehren seit dem 19. Jahrhundert zwischen Chambéry und Bourg-St. Maurice. Die Strecke wurde von der PLM (Paris – Lyon – Méditerranée) errichtet. Die Planung der 80 km langen Strecke erfolgte in drei Etappen: Der Abschnitt St. Pierre d'Albigny – Albertville wurde schon 1879 nach einer vierjährigen Bauzeit dem Betrieb übergeben. Auf den 28 km zwischen Albertville und Moutiers wurde 1893 eröffnet. Das letzte Stück nach Bourg-St. Maurice folgte im Jahr 1913. Anno dazumal wurden noch Dampfrösser eingesetzt. Die Verbindung Chambéry – St. Pierre d'Albigny bestand schon seit 1858. Sie ist Teil der Mont-Cenis-Bahn und ist deshalb als einziger Streckenabschnitt auch zweigleisig ausgeführt.

Rund 20 Jahre dauerte die Errichtung dieser Bahnlinie, die in topographisch sehr schwierigem Gelände verläuft. Ein kurzes Stück östlich von Chambéry, bei der Haltestelle Montmélian treffen die Gleise auf die Isère, der sie nun bis zur Endhaltestelle folgen wird. Wie so manches andere Gebirgsbächlein machte auch dieses Gewässer den Ingenieuren zu schaffen. In seinem flacheren Bereich gefährden Sümpfe und häufige Überschwemmungen immer wieder die Bahnlinie. Zudem machten die zahlreichen Wasserfälle das Gelände für den Bahnbau besonders rutschig. An einigen Stellen verengte sich das Tal so sehr, dass man die steil aufragenden Felswände anderweitig bezwingen musste: 88 Viadukte und 14 Tunnels waren die Antwort auf die ständigen Gefahren von Felsstürzen oder Bergrutschen. Zwischen Montmélian und Albertville hält sich die Strecke stets am linken Isère-Ufer. Immer häufiger verläuft sie hinter Albertville in Tunnels. Bei Cévins wird die Isère gleich zweimal gequert. Längster Tunnel im Abschnitt vor Moûtiers ist der Tunnel des Esserts mit 1.500 m Länge. Nach dem Verlassen der 480 m hoch gelegenen Stadt beginnt die eigentliche Gebirgsstrecke. Es folgt ein 1.400 m langer Kehrtunnel, an den sich fast direkt der Tunnel de la Saucette mit einer Länge von 710 m anschließt. Er trägt dazu bei, den Höhenanstieg zu überwinden, wobei eine maximale Steigung von 20 ‰ erreicht wird. Schöne, gemauerte Viadukte spannen sich auf dem letzten Stück auf unserer Reise nach Bourg-St. Maurice, wie beispielsweise die 70 m lange Plainesbrücke, wobei wir auch den 1.670 m langen Plainestunnel durchfahren, immerhin der längste entlang der Tarentaise-Linie. Dabei empfiehlt sich auch ein Blick nordwärts aus dem Fenster: Es tut sich uns eine herrliche Bergwelt mit majestätischen Berggipfeln auf.

Moderne Station im Olympiaort: Bahnhof Albertville. *Foto: MHZ*

RGP (Rames à Grand Parcours) x2739 hat soeben den Bahnhof von Lus-la-Croix-Haute verlassen. Die drohenden Wolken über dem Col de la Croix-Haute hinter sich lassend strebt der Zug seinem Ziel Gap an der Grenze zur sonnigen Provence entgegen. Foto: Ch. Wenger

Ein Pärchen aus RGP x2700 quert den Viadukt von Lus-la-Croix-Haute. Der Zug von Gap nach Grenoble durchquert das Vercors, eine der schönsten Alpenregionen, von Süd nach Nord in voller Länge.
Foto: Christian Wenger

nen geht unsere Reise dann nach Clelles-Mens. Kurz danach unterqueren wir in einem 838 m langen Tunnel den Fau-Pass. Vor Clelles-Mens empfiehlt es sich, den Blick unbedingt auf den Viaduc de la Thoranne zu werfen. Eindrucksvoll und elegant spannt er sich in neun Bögen über eine Länge von 200 m, bei einer Höhe von 45 m und Bogenspannweiten von 15 m. Gleichzeitig eröffnet sich uns auch ein Vorgeschmack Südfrankreichs.

Der **Viaduc de la Thoranne** ist nicht das einzige Bauwerk seiner Art auf unserer Strecke. Immer wieder gilt es, nicht nur schöne, gemauerte Brücken zu bestaunen. Ein markanter Berg, der Mont Aiguille, zieht seine Blicke in der Region Clelles-Mens an sich. Brücken werden besonders auf dieser Teilstrecke hinter dem Col de la Croix-Haute benötigt, trifft doch hier die Strecke auf den Buëch. Die Landschaft mutet nun sehr verändert an. Bis jetzt haben uns grüne Tannenwälder begleitet, doch nun dominiert nun das zarte Violett des Lavendels, das mit dem leuchtenden Gelb der Sonnenblumenfelder alterniert. Dem Buëch flussabwärts folgend, erreichen wir schließlich auf 762 m Seehöhe Aspres-sur-Buëch.

Bis Veynes verläuft die Strecke nun in westlicher Richtung. Sie ist hier doppelgleisig ausgebaut, da sie auch von der Col de Cabre-Linie von Valence nach Briançon genützt wird. Zur Weiterfahrt nach **Sisteron** müssen wir in Veynes umsteigen. Die Strecke verläuft in einer Spitzkehre, dem Lauf des Buëch folgend, welcher dann nach rund 160 km in die Durance mündet. Der Gebirgsabschnitt der Strecke endet beim Städtchen Sisteron auf 482 m Seehöhe. Die Züge fahren von hier aus weiter über Aix-en-Provence nach **Marseille**. ■

Tourenvorschlag 6

Mont-Cenis-Bahn (Chambéry – Modane – Turin)

Die Mont-Cenis-Bahn durchquert einen Landschaftsstrich, der auch in die Geschichtsbücher eingegangen ist.
Man kann sich heute gar nicht so recht vorstellen, wie damals große Feldherren ohne technische Errungenschaften diesen Alpenkamm bezwungen haben. Zu nennen ist zunächst einmal Julius Cäsar, der den Helvetiern das Fürchten lehren wollte. Aber auch Hannibals berühmte Alpenüberquerung spielte sich in der Gegend des Mont Cenis ab. Und schließlich war es auch noch der deutsche Kaiser Heinrich IV. mit seiner Familie und einer kleinen Gefolgschaft, der sich zu Papst Gregor VII. begab, um in der Burg Canossa bei Parma Buße zu tun.
Doch kehren wir wieder zum eisenbahnmäßigen dieser Strecke zurück, indem unsere Reise in **Chambéry** beginnt. Die Strecke wendet sich zunächst in südliche Richtung und nach wenigen Minuten folgen wir dem Lauf der Arc. Westlich von uns erhebt sich das Massif de la Chartreuse, und wir erreichen alsbald Montmélian. In St. Pierre d'Albigny trifft die Mont-Cenis-Bahn auf die von Norden kommende Tarentaise-Linie, die nach Bourg St. Maurice führt. Das Arctal beschreibt ab hier eine weite Rechtskurve. Südlich schließen sich die Ausläufer der Bergregion Chaine de Belledonne an, die sich von dem Arc im Norden bis zu Romance im Süden erstreckt. Nach ca. 14 km erreichen wir dann Montmélian.

SNCF Triebzug 72578 auf der Linie Livron – Briançon. *Foto: Wolfgang Walper*

Die Trasse folgt nun dem immer enger werdenden Tal entlang des Arc, wobei die Steigung die 10-‰-Marke nicht überschreitet. Sehr bald erreichen wir St. Jean bzw. das berühmte St. Michel de Maurienne. **St. Michel de Maurienne** war seit 1868 Ausgangspunkt der kuriosen **Fell'schen Eisenbahn**, die schon vor Eröffnung des Fréjustunnels die Alpen überquerte. Die Fell'sche Eisenbahn beruht auf der von John Barraclough Fell entwickelten Dampflok für Steilstrecken. Sie verfügte über ein zusätzliches Triebwerk, das vier Räder an eine Mittelschiene presste und somit eine höhere Adhäsion ermöglichte. Von 1868 bis zur Tunneleröffnung im Jahre 1871 kletterten die kleinen aus England stammenden Dampfloks bei einer Spurweite von 1.100 mm über den Mont Cenis-Pass und bewältigten damals Steigungen von bis zu 90 ‰. Die Bahnanlagen der Fell'schen Eisenbahn wurden jedoch dem Verfall preisgegeben, nachdem die Mont-Cenis-Bahn eingeweiht wurde.

Ab **St. Jean** befinden wir uns auf einer Rampenstrecke, wo die schweren Güterzüge von Chambéry kommend nachgeschoben werden müssen. St. Jean ist auch bekannt als ein reizvoller Urlaubsort, dessen Wahrzeichen eine Kathedrale aus dem 11. bis 13. Jahrhundert ist. Sehr bald erreichen wir La Praz. Es wird vom 3.178 m hohen Thabor dominiert, und dort befindet sich auch die berühmte Kirche Nôtre Dame des Sept Douleurs, die im 11. Jahrhundert erbaut wurde. Wir fahren nun auf Modane zu, dem letzten Ort auf französischen Boden vor dem Grenztunnel. Wir befinden uns in einer sehr attraktiven Skiregion. Dieses gletscherreiche Bergmassiv bietet großartige Wintersportmöglichkeiten. Unweit von Modane, direkt am Col du Mont Cenis, liegt beispielsweise der Skiort **Lanslebourg**. Das Skigebiet ist so bekannt, dass in den Wintermonaten die SNCF mit ihren Paradezügen, dem TGV, an Samstagen dieses Gebiet verkehrsmäßig erschließt. Ringsum ist ein herrliches Bergpanorama zu bewundern, auch wenn zahlreiche Betonpisten das Landschaftsbild zerstören. Zudem bedient die Mont-Cenis-Bahn einige charmante Ferienorte, die auch für Nicht-Skifahrer von Interesse sind. Über Modane ragt die Aiguille de Péclet auf, der höchste Gipfel der Vanoise-Gruppe.

Unsere Reise von St. Jean nach Modane verläuft stets entlang des Arc, den wir sechsmal überqueren. Ein besonderes

Merkmal dieser Bahnlinie waren einst die stählernen Eisenbrücken, die leider von den deutschen Truppen im Zweiten Weltkrieg allesamt vernichtet wurden. Bis auf den 70 m langen Pont des Reisses und den 160 m lange Pont Royal wurden diese durch eine Betonkonstruktion ersetzt. Leider wurde der liebliche Reiz dieses schönen Bergtales durch den hemmungslosen Bau einer monströsen Autobahn zerstört.
In **Modane** angekommen, erreichen wir den **Grenzbahnhof** der SNCF und der FS. Während die italienische Strecke komplett eröffnet wurde, erfolgte die Eröffnung des bis Modane befahrenen Streckenteils in mehrere Etappen. Der Streckenabschnitt Choudy – St. Jean de Maurienne über Chambéry wurde bereits 1856 fertiggestellt. Sechs Jahre später folgte die eigentliche Mont-Cenis-Bahn. Als man 1862 mit dem Bau des Abschnitts St. Jean de Maurienne – St. Michel de Maurienne begann, befand sich die französische Linie noch in den Händen der **„Societa della Ferrovia Vittorio Emmanuele“**, ging jedoch 1867 in das Eigentum der Gesellschaft Paris – Lyon – Méditerranée (PLM) über. 1871, als auf dem italienischen Stück die Arbeiten abgeschlossen waren, wurden zwischen St. Michel de Maurienne und dem Tunnelnordportal lediglich die ersten Spatenstiche getan. Naturgewalten führten immer wieder zu Änderungen in der Streckenführung, wobei mehrere Tunnels nachträglich errichtet wurden. Nennenswert ist auch der zweigleisige Ausbau von 1898 bis 1903 zwischen Chambéry und St. Michel de Maurienne. 1925 wurde die Strecke elektrifiziert, wobei die **Einspeisung mittels Stromschiene** erfolgte.
Im Zuge einer Generalsanierung von 1972 bis 1976 wurden Fahrleitungsmasten errichtet und die Stromschiene außer Betrieb genommen.
Die Bahnhofsanlagen von Modane sind auf den Lokwechsel von SNCF und FS eingerichtet werden. Nach dem Verlassen von Modane steigt die Strecke wieder bergan und mittels einer Kehre, die teilweise im 598 m langen **Tunnel de St. Antoine** verläuft, werden die 150 m Höhenmeter zur Überwindung des Scheitelpunktes im Grenztunnel überwunden. Wir verlassen dabei die Maurienne und das Vanoise-Gebirge und fahren den Grajischen Alpen entgegen. Schwere Güterzüge erhalten hier immer wieder Schiebeloks, weist doch die Strecke eine Steigung von bis zu 20 ‰ auf, um danach auf 6 ‰ abzufallen. Die Fahrt durch den 13.657 m langen **Fréjus-Tunnel** dauert rund 15 Minuten, dabei verlassen wir auch das Staatsgebiet Frankreichs. Erster Ort auf italienischem Territorium ist das auf 1.258 m Meereshöhe gelegene **Bardonecchia**. Wir befinden uns nun in einer Hochgebirgsregion und damit kurze Zeit im Dora di Bardonecchia. Während dieser Fahrt überqueren wir den eindrucksvollen Ponte sul Melezet – einen 50 m langen mit drei Bögen gemauerten Viadukt und befinden uns wenig später im Dora Riparia. Sehenswert ist im Streckenabschnitt zwischen Oulx und Bussoleno die mächtige Festung von Exilles und das verwinkelte Städtchen Susa. In Oulx besteht die Möglichkeit, in das bekannte Skigebiet um Sestrière zu kommen. **Susa** liegt zwar nicht direkt an der Strecke, es wird allerdings mit einer **Stichbahn von Bussoleno** bedient. Der malerische Ort weist einige römische Ruinen auf, und diese erinnern an die Zeit der alten Feldherrn. Entlang dieses kurzen Streckenstückes passieren wir

immerhin 38 Kunstbauten, wobei die Durchquerung der Gorgieschlucht vor Meana hochromantisch ist. Der schöne gemauerte und 146 m lange **Morellivia-dukt** sowie die beiden **Tunnel Galleria delle Gorgie I** und **II** machen die tiefe Schlucht für die Bahn überwindbar.
Wir kommen nun ins Doratal, welches von den schneebedeckten Dreitausendern der Gottischen und der Grajischen Alpen, zu dem auch der Mont Cenis gehört, überragt wird.
Die zerrissenen Landschaftsformationen aus Kalk- und Schiefergestein lassen heute noch die Gewalt der Urkräfte erahnen, die vor Millionen von Jahren zur Entstehung des Alpenraumes geführt haben. Hingegen ist das Tal eine sehr liebliche Oase, in deren mildem südlichen Klima Weinreben und Obstbäume gedeihen. Besonders im Frühjahr, wenn alles blüht, ist dieses Tal eine wahre Augenweide. Der aufmerksame Betrachter wird auf der Fahrt nach Turin feststellen, dass das wilde Doratal sehr viele Gegensätze zu bieten hat – und zwar auch in Flora und Fauna. Eine Besonderheit bietet die Mont-Cenis-Bahn gerade im italienischen Bereich, welche es in dieser Form nur in Österreich zwischen Schwarzach-St. Veit und Zell am See gibt, die getrennte Streckenführung und die dadurch bedingte unterschiedliche Fahrtroute entlang dieser Strecke, indem die Hin- und Rückfahrt unterschiedlich verläuft. Ursache für diese Gegebenheit sind die geografischen Besonderheiten im Doratal.
Das zweite Gleis wurde beim zweigleisigen Ausbau dieser Strecke immer wieder in den Berg verbannt. Auf der Talfahrt folgt die Strecke ihrem ursprünglichen Lauf, währenddessen die Bergfahrt mehrmals im Dunkeln verläuft und dabei werden die **Galleria de la Voûte** (2.000 m), die **Galleria di Exilles II** (5.539 m), die **Galleria Gravere** (5.573 m) und die **Galleria delle Tanze** (5.435 m) passiert.
Die monotone Fahrt durch die „italienische Unterwelt“ wird nur zum Halten in den Bahnhöfen in Exilles, Chiomonte und Meana unterbrochen. Erst kurz vor der Station Salbertrand auf 1.007 m Seehöhe verlaufen die beiden Streckengleise wieder parallel. Danach dauert es nicht mehr lange, und unsere aufregende Reise endet im Bahnhof **Turin**. ■

Gebirgsbahn und Hochgeschwindigkeitsverkehr am Mont Cenis. *Foto: Wolfgang Walper*

ATTENTI AL TRENO
ACHTUNG AUF DEN ZUG

Italien

Die Südtiroler Rittnerbahn ist nicht nur nostalgisch und daher etwas Besonderes. Sie bietet auch, was die Bergwelt anbelangt, Aussichten, die ihresgleichen suchen.
Foto: Christian Wenger

Italien, das Land der Sehnsüchte. *Zunächst waren es Pilger auf dem Weg nach Rom oder Bildungsreisende auf der Suche nach den Relikten der Antike. Andererseits waren es natürlich Händler die den Weg nach Süden nahmen – und umgekehrt. Und Waren: damals wie heute. Wer von Norden nach Italien kommt, muss immer die Alpen überqueren. Semmering, Brenner, Gotthard, Mont Cenis stehen für große Alpenüberquerungen, die schon seit dem 19. Jahrhundert auch per Bahn gemeistert werden konnten. Nota bene, damals ging es mitunter nicht nach Italien, es ging nach Trient oder Triest, die damals österreichisch waren. Und Südtirol blieb noch lange ein Spielball der Politik. Wie dem auch sei: Südlich des Alpenhauptkammes weht eine andere Luft – auch eisenbahnerisch. Es braucht schon Mehrsystemlokomotiven um mit der unterschiedlichen Stromversorgung zurecht zu kommen. Das braucht den Reisenden aber nicht weiter zu interessieren. Denn es gibt auch sonst genug zu sehen: Palmen am Seeufer vor dem Hintergrund schneebedeckter Berge. Weinberge oder Zitronenterrassen neben der Bahntrasse ... Lokomotiven gestaltet von Stardesigner Pinifarina ... Dolce vita auch für den Bahnfreund.*

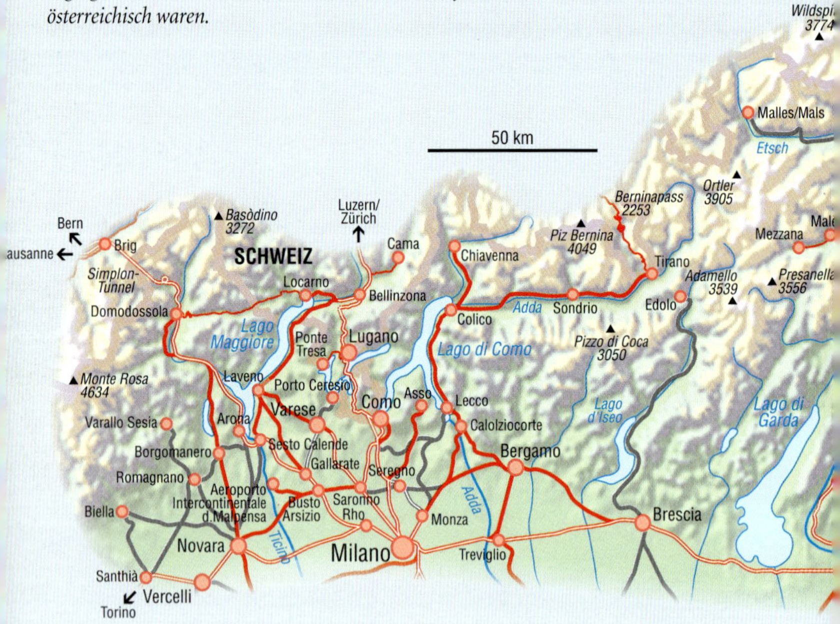

Info: Italien

Fläche:	301.337 km²
Einwohner:	57,844 Mio.
Hauptstadt:	Rom
Amtssprache:	Italienisch

www.enit.it
www.trenitalia.com/en/index.html (englischsprachig)
www.trenitalia.de (deutschsprachig, aber reduzierter Umfang an Informationen)

Tourenvorschlag 1

Vinschgaubahn

Die jüngste Alpenbahn stellt die im Jahr 2005 wiedereröffnete, 66 km lange Vinschgaubahn von Meran nach Mals dar. Auf der Vinschgaubahn kommen übrigens hochmoderne Triebwagen (GTW 2/6 von Stadler) im Stundentakt zum Einsatz. Wir verlassen **Meran** (302 m) und begleiten zunächst die Vinschgauer Reichsstraße zur Haltestelle Algund. Die neue Strecke verläuft bei Steigungen bis 25 ‰ in einem Halbkreis Marling (370 m) entgegen und überquert dabei auf einer 62 m langen Brücke die Etsch. Auf unserer Reise gelangen wir in den 598 m langen **Marlinger Tunnel**, der als Kehrtunnel ausgeführt ist, es folgt der **Josefsbergtunnel**, überqueren danach einen 46 m langen Viadukt mit vier Bögen sowie den 684 m langen **Tölltunnel**. Wir haben nun 150 Höhenmeter überwunden und können danach die Staustufe des Kraftwerkes an der Töll erblicken, einst Stromversorger der Städte Meran und Bozen, und erreichen dann die Haltestelle Töll (511 m). Die Strecke verläuft nun am rechten Ufer der Etsch und erreicht Naturns (533 m), wo uns ein erster Blick auf die Ortler-Gruppe im Süden ermöglicht wird. Unser Triebwagen fährt nun weiter flott voran, und wir lassen die Haltestellen Kastelbell, Latsch, Goldrain und Göflan hinter uns. Wir überqueren erneut die Etsch, und die Trasse verläuft nun weiter serpentinenförmig, um **Schlanders** (745 m) zu erreichen. Die Strecke steigt weiter bergan, entlang des rechten Etschufers und nahe der Lourdeskapelle nach Laas (867 m) erblicken wir oberhalb die schönen weißen Marmorbrüche von Laas und Göflan. Ab hier verläuft die Vinschgaubahn an der nördlichen Talseite weiter nach Eyrs, um dann Spondinig-Prad (886 m) zu erreichen. Danach passieren wir Schluderns-Glurns (919 m), und es folgt nun der letzte Aufstieg auf Mals (997 m), wo sich auch ein Gleisfünfeck befindet.

Reaktivierte Vinschgaubahn: GTW 2/6 zu Füßen des Ortler-Massivs. *Foto: H. Petrovitsch*

! Tipp: Rittnerbahn

Die Rittnerbahn ist eine kleine Lokalbahn im Becken von Bozen, und zwar von Oberbozen. Die Bahn überwindet dabei auf einer Streckenlänge von 6.800 m fast 1.000 Höhenmeter und endet in Maria Himmelsfahrt auf 1.176 m Seehöhe. Scheitelpunkt der Strecke ist Wolfsgruben auf 1.225 m Seehöhe. Die Fahrt nach Klobenstein bietet pittoreske Ausblicke auf die Südtiroler Bergwelt. Um zur Talstation der Rittnerbahn zu gelangen, sei empfohlen, die Seilbahn von Bozen nach Oberbozen zu benützen, wo sich nebenan der Bahnhof befindet.

Information:
Tourismusverein Ritten
Dorfstraße 5
I-39054 Klobenstein
Tel.: +39/0471/356-100
Fax: +39/0471/356-799
e-mail: info@ritten.com
www.ritten.com

Tourenvorschlag 2

Nonstalbahn (Trento – Malé)

Ausgangspunkt der Nonstalbahn ist Trento an der internationalen Strecke **München – Innsbruck – Bozen – Verona**. Von 1816 bis 1918 stand die Stadt unter der Herrschaft der Habsburger Monarchie. In diese Zeit fiel auch die Errichtung der knapp 60 km langen Schmalspurbahn mit einer Spurweite von 1.000 mm. Baubeginn war 1907 und die Eröffnung erfolgte am 11. Oktober 1909.

Die Nonstalbahn erlebte bis heute eine sehr bewegte Zeit. Zu Beginn des Ersten Weltkrieges erfreute sich die Trento-Malé-Bahn eines regen Güter- und Personenverkehrs. Während des Ersten Weltkrieges diente die Bahn hauptsächlich dem Truppentransport. Mit dem Friedensvertrag von St. Germain fiel Südtirol an Italien, so dass diese Bahn danach zwangsweise italianisiert wurde. Bis 1945 befand sich die Trentiner Bahn in den Händen des italienischen Staates, und erst nach dem Ende des Zweiten Weltkrieges wurde die Bahn an die neugegründete **Ferrovia Elettrica Trento-Malé (FETM)** übertragen. Bis 1961 herrschte allerdings nur eingeschränkter Betrieb auf dem **Teilstück Trento – Cles**. Das weitere Streckenstück bis nach **Malé** musste erst wiedererrichtet werden, und in den Sechzigerjahren wurde außerdem die Modernisierung eingeläutet. Moderne Fahrzeuge ersetzten 1964 die aus der Gründerzeit stammenden Holzwagen. Diese konnten jetzt bergwärts bis zu 60 km/h schnell sein. Neutrassierungen konnten dabei die einstigen Sparmaßnahmen beseitigen, gleichzeitig wurde die Fahrleitungsspannung von 800 V auf 3.000 V Gleichstrom angehoben.

Die Strecke durch das Nonstal ist eine landschaftlich sehr reizvolle Strecke, auf

Die E 652 172 verlässt den Bahnhof Trento auf ihrer Fahrt nach Verona. *Foto: Uwe Miethe*

Kurz vor dem Endpunkt Male fährt das Pärchen aus El 02 und El 03 noch einen letzten Taleinschnitt aus. *Foto: Christian Wenger*

die sich nur sehr wenige Touristen verirren. Damit wird der Region aber Unrecht getan, bietet doch das Nonstal ein abwechslungsreiches Terrain mit Seen und Gletschern.
Vom Zug aus erkennen wir eines der markantesten Charakteristika: Große Höhenunterschiede, die vom niedrigsten Punkt am Ufer des **Gardasees** auf 96 m Seehöhe bis zu den schneebedeckten Gipfel fast 3.000 m betragen.
Die Trento-Malé-Bahn überwindet dabei Steigungen bis zu 53 ‰. Immerhin liegt der Endbahnhof **Malé** auf einer Seehöhe von 1.171 m, was einem Höhenunterschied von fast 1.100 m bedeutet.
Touristische Attraktionen finden sich vor allem in **Trento**. Zahlreiche Renaissancepalazzi bereichern das Stadtbild, die gerade für Historiker und Kunstfreunde ein absolutes Muss darstellen. Für Gaumenfreunde gibt es verschiedene Spezialitäten, die größtenteils aus heimischen Äpfeln zubereitet werden.
Sie sind übrigens das wichtigste Anbauprodukt im Trentino.

Tourenvorschlag 3

Aostabahn (Aosta – Ivrea)

Die Aostabahn, also die **Strecke von Chivasso nach Aosta**, kann auf eine sehr lange Geschichte zurückblicken. Vor ungefähr 150 Jahren begann das Königsreich Sardinien-Piemont, zu dem das Aostatal damals gehörte, sich für den Ausbau des Schienennetzes zu interessieren. Die Strecke sollte den ehrgeizigen Plänen des Grafen Camillo Benso von Cavour zufolge über die Alpen geführt werden. Dabei schwebten dem Grafen Pläne wie Tunnelprojekte am Mont Blanc und am Großen St. Bernhard vor. Die Anschlussbahn nach Ivrea wurde im Jahre 1858 eröffnet, Dampfloks nach Aosta fuhren jedoch erst ab dem 4. Juli 1886. Obwohl die Aostabahn heute unter FS-Regie steht, wird diese Bahnlinie durch das italienische Militär als so genannte Übungsbahn betrieben, um damit im Krisenfall sämtliche Versorgungstransporte mit dem Transportmittel Eisenbahn abwickeln zu können. Das Aostatal ist heute noch sehr eng mit dem Tourismus und dem Wintersport verbunden. Früher war das Tal auch wegen größerer Erzvorkommen und der ansässigen Stahl- und Eisenindustrie bekannt. Mit dem Niedergang der Industrie in den Siebzigerjahren

ALn 663 Aosta – Pre St. Didier vor der Kulisse des Ortes Morgex. Foto: Dr. H. Petrovitsch

des vergangenen Jahrhundert orientierte sich das Aostatal vermehrt am Tourismus. Zudem ereilte die Strecke im Jahre 1987 ein Modernisierungsprogramm.
Die attraktiven Bahnanlagen machen eine Fahrt durch das Aostatal empfehlenswert. Eisenbahnfreunden wird als Erstes die Charakteristik der Bahnlinie auffallen. Die Strecke von Chivasso nach Aosta ist außergewöhnlich eben und verfügt über bemerkenswert weite Kurven mit Radien zwischen 400 und 1.800 m. Die besondere Sorgfalt, die der Trassierung zuteil wurde, ist bedingt durch ihre ehemalige Bestimmung, eine transalpine Verbindung zu werden.

Mit einer Ausnahme beträgt die Steigung nur 11 ‰. Die topografischen Gegebenheiten erlauben daher, sich auf der Fahrt entspannt zurückzulehnen und dabei einen Blick auf die malerische Landschaft zu werfen. Eingebettet in die grüne Ebene zwischen den schneebedeckten Gipfeln folgt die Strecke dem Lauf der Dora Baltea, die wir auf unserer Reise gleich elfmal kreuzen und so klangvolle Namen wie **„Ponte del Diavolo“** (Teufelsbrücke) oder **„Ponte delle Capre“** (Ziegenbrücke) tragen. Am schönsten ist jedoch die Fahrt durch die felsige Montjovet-Schlucht neben der munter dahinfließenden Dora Baltea. Eine weitere Attraktion, die das Aostatal auszeichnet, sind die historischen Wurzeln der Gegend. Während unserer ganzen Reise wird das Tal von grünen Anhöhen gesäumt, auf denen sich mittelalterliche Burgen befinden. Besonders sehenswert ist die imposante Anlage des **Castello di Fenis** vor der Station Nus. Die mittelalterliche Burg diente aufgrund ihres guten Zustands und ihrer traumhaften Lage bereits als Kulisse für viele Ritterfilme. Weitere historisch interessante Sehenswürdigkeiten finden sich in Aosta selbst. Viele Ruinen zeugen vom Ursprung der Stadt, welche die Römer 25 v. Chr. unter dem Namen Augusta Praetoria gründeten. Auch mittelalterliche Baudenkmäler, wie die Kirchenanlage von Sant' Orso, lohnen einen Abstecher in die geschichtsträchtige Stadt. Abschließend sei noch auf die ausgedehnten Wintersportgebiete und die zahlreichen Wanderwege hingewiesen, die vor allem in den Seitentälern des Valle d'Aosta zu finden sind und maßgeblich zur großen Beliebtheit dieser Region beigetragen haben.

Eine ehemalige deutsche Kriegslokomotive der Baureihe 52 überquert den Solkan-Viadukt, der zur Zeit seiner Erbauung als größte steinerne Eisenbahnbrücke der Welt galt. Foto: Sammlung Hehl

Slowenien

Heute lernen viele Touristen Slowenien nur als Transitland zu den Küsten und Inseln des deutlich größeren Nachbarn Kroatien kennen. Dabei ist dies kleine Land an der Nahtstelle slawischer, italienischer und altösterreichischer Kultur nicht nur einen kurzen Aufenthalt wert. Karst und Meeresküste, alte Städte und reizvolle Natur bieten viel Abwechslung und Anregung. Und schließlich, die große und traditionsreiche Hafenstadt Triest ist nur einen Katzensprung entfernt. Dort, in der gleichzeitig italienischen und kosmopolitischen Stadt Italo Svevos und James Joyce' regierten und handelten bis zum Ende des Ersten Weltkriegs die Österreicher, zu deren mitteleuropäischem Kaiserreich auch Slowenien gehörte. Die wichtigsten Eisenbahnstrecken Sloweniens wurden damals geplant und gebaut. Die im Folgenden vorgestellte Wocheinerbahn ist deshalb auch Teil der Streckenplanungen die Carl von Ghega im Zusammenhang mit der Semmeringbahn und der Verbindung von Wien nach Triest anstellte.

Info: Slowenien

Fläche:	20.255 km²
Einwohner:	1,948 Mio. (2002)
Hauptstadt:	Ljubljana
Amtssprache:	Slowenisch

www.slovenija.info
www.slo-zeleznice.si/en (englischsprachig)

Regionalzug mit 813.101 zwichen Nomenj und Bohinjska Bela. *Foto: Robert Fischer*

Tourenvorschlag

Wocheinerbahn

Die Wocheinerbahn beginnt im Bahnhof **Jesenice** auf einer Seehöhe von 573 m, und sie zweigt hier von der Hauptstrecke Villach – Ljubljana ab. Unmittelbar hinter dem Bahnhof überqueren wir den Fluss Sava Dolinka und erreichen schon nach wenigen Kilometern Fahrt den Scheitelpunkt der Strecke mit 577 m Seehöhe bei Vintgar. Nach dem Passieren der ersten Tunnel gelangen wir nach Bled Jezero mit seinem schönen Bahnhofsgebäude aus der k. u. k. Zeit. Der sowohl von Sommer- als auch von Winterurlaubern geschätzte Luftkurort **Bled** liegt an einem malerischen See, eingerahmt von den Bergen der **Julischen Alpen**. Nun führt die Strecke in das Tal der Sava Bohinjka. Diese wird dreimal überquert, bevor wir bei Bohinjska Bistrica erreichen. Unmittelbar nach dem Bahnhof beginnt der mit Abstand längste Tunnel dieser Strecke – der ursprünglich 6.399 m lange **Wocheinertunnel** – auf slowenisch „Bohinjska predor" genannt. Nach der Sprengung des Nordportals durch die Wehrmacht auf ihrem Rückzug im Frühjahr 1945 verlor er 12 m seiner ursprünglichen Länge und misst seitdem nur noch 6,387 m.
Bemerkenswert ist, dass der Bohinjska predor als einziger Tunnel der Wocheinerbahn zweigleisig geplant und auch gebaut wurde. In den sechziger Jahren des vorigen Jahrhunderts wurde das zweite Gleis zugunsten eines Wasserkanals entfernt, den die ständigen Wassereinbrüche notwenig machten. Eine weitere Besonderheit stellt ferner die Verschließbarkeit des Nordportals (seit 1934) mittels eines Eisentors dar, um den starken Durchzug im Tunnel abzumildern. Nach Verlassen des Tunnels – über ihm liegt übrigens die Wasserscheide zwischen der Adria und dem Schwarzen Meer – beginnt der schwierigste Abschnitt

Auf seine Weiterfahrt im Bahnhof von Bohinjska Bistrica wartet ein Güterzug mit Diesellok 664.118.
Foto: Robert Fischer

der Bahn. Ab Podbrdo folgt sie dem äußerst engen und tief eingeschnittenen Tal des kleinen Flusses Baca. Allein dieses Teilstück machte den Bau von zehn Tunnels, zahlreichen Stützmauern, Brücken sowie des Viadukts in Grahovo erforderlich. Nach gut 20 km Fahrt im „Bacagraben" gelangen wir in das Tal der Idrijca, welches auf einem 260 m langen Viadukt überquert wird. Am südlichen Brückenkopf steht heute noch ein festungsähnlicher Bau, flankiert mit vier Ecktüren und vorgelagertem Bunker. Solche Anlagen, wenn auch nicht in dieser Größe, findet man noch vielerorts entlang der Wocheinerbahn – sie zeugen von deren einstiger militärischer Bedeutung.
Wir sind nun im Bahnhof **Most na Soci** angekommen, in dem sich planmäßig die wenigen Personenzüge kreuzen.
Nach der Durchquerung des 619 m langen **St. Lucina-Tunnels** erreichten wir das Tal der Soca (italienisch: Isonzo).
In diesem verbleibt die Strecke nun bis **Nova Gorica**, überquert die heute angestaute Soca allerdings zweimal: bei dem idyllisch gelegenen und unverkennbar italienisch geprägten Städtchen Canale mittels einer 240 m langen Bogenbrücke und bei Solka (Salcano). Hier überwand man die Soca mit der größten Steinbogenbrücke, die je für die Eisenbahn gebaut wurde. Der gemauerte Hauptbogen mit einer Spannweite von 85 m bleibt bis heute weltweit unübertroffen. 1916, nach dem Fall von Görz, zerstörte die österreichische Armee auf ihrem Rückzug den imposanten Hauptbogen. Italien schloß nach dem Krieg die Lücke mit einem provisorischen, eisernen Überbau, die originale Wiederherstellung erfolgte in den Jahren 1925 bis 1927.
Die feierliche Einweihung fand am 8. August 1927 statt.
Nach rund 90 km ist der stattliche, aus altösterreichischer Zeit stammende Bahnhof Nova Gorica auf 90 m Seehöhe mit seinem großen Ringlokschuppen

erreicht. Das ehemalige österreichische Görz ist seit dem Ende des Zweiten Weltkrieges in das italienische **Gorizia** und slowenische **Nova Gorica** geteilt worden. Streng genommen endet hier die Wocheinerbahn, doch kann man sie heute durchaus als Einheit mit der zeitgleich eröffneten **„Karstbahn"** Görz – Triest betrachten. In der weiteren Linienführung nützte man bis Prvacina die seit 1902 bestehende Lokalbahn Görz – Haidenschaft (Ajdovscina). Hier war lediglich der für die Wocheinerbahn errichtete neue Görzer Bahnhof anzuschließen. Das Landschaftsbild ist nun ein völlig anderes. Nachdem die Strecke bisher meist durch enge Gebirgstäler führte, begibt sie sich nun in das mediterran geprägte Küstenland und wird beidseits von sanften Hügeln mit Weinbergen und Obstplantagen gesäumt.
Im weiteren Verlauf steigt die Strecke ab Pravacina mit 25‰ wieder an und passiert das Städtchen Branik mit seiner Burgruine, um bei Staniel auf das 275 m hoch gelegene Karstplateau zu gelangen. Bei Reperntabor (heute in Italien gelegen) erreicht die Karstbahn mit 322 m ihren Scheitelpunkt. Von hier geht es nun stetig abwärts und – über Villa Opicina – zur früheren Endstation St. Andrä in Triest. In diesem einst von einer prächtigen Halle überspannten Bahnhof endete nicht nur die „Ferrovia Transalpina", sondern auch die Bahnlinie aus Pula sowie die Schmalspurbahn von Porec. Der Bahnhof befindet sich derzeit in einem tristen Zustand, allerdings beheimatet er ein Eisenbahnmuseum mit Dampfloks, die einst auf der Transalpina im Einsatz standen. Die Wocheinerbahn endet heute nicht mehr in Triest, sondern in Sezana an der alten Südbahnstrecke (Wien – Graz) – Ljubljana (– Triest). Im Jahr 1948 wurde – bedingt durch die politischen Veränderungen nach dem 2. Weltkrieg – vom Bahnhof Kreplje an der italienischen Grenze eine sieben km lange Verbindung zum Bahnhof Sezana gebaut. Möchte man von hier nach Triest weiterreisen, muss man in einen der beiden täglich verkehrenden IC umsteigen. ■

Triest war das eigentliche Ziel der Wocheinerbahn, die alte Endstation ist inzwischen Bahnmuseum. Der heutige Bahnhof wurde in der Mussolinizeit gebaut.

Foto: Markus Hehl